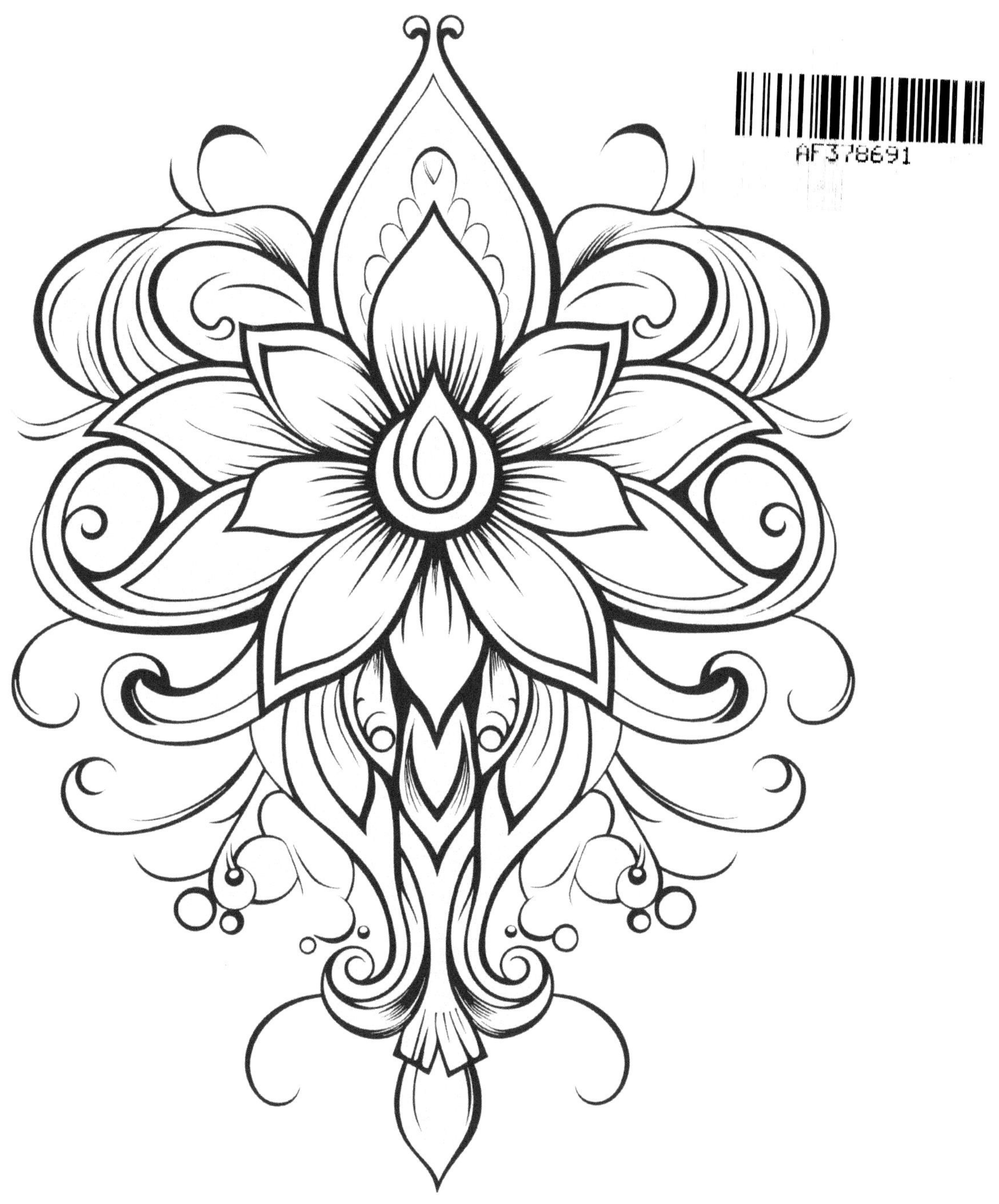

Dieses Buch gehört zu:

____

____

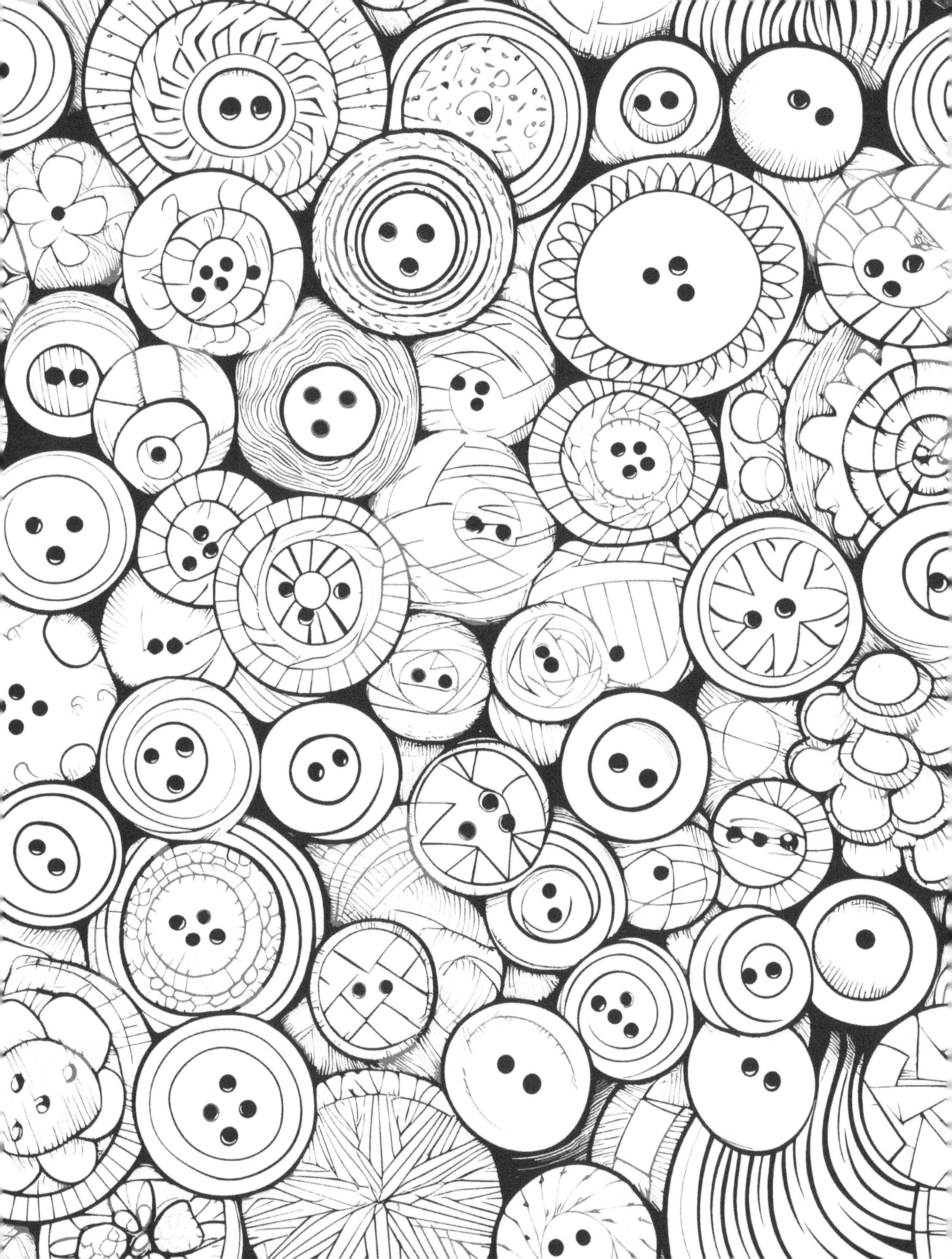

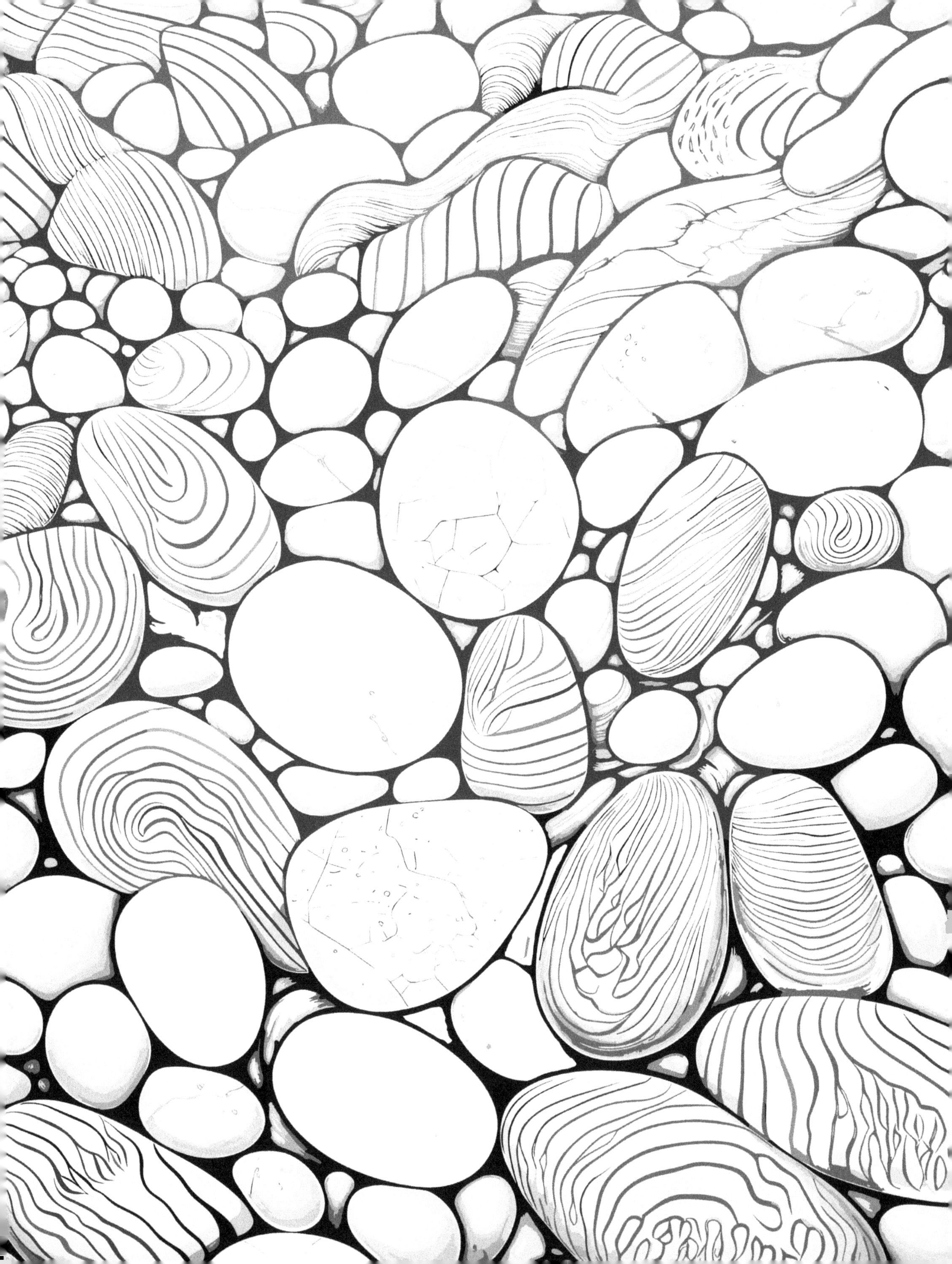

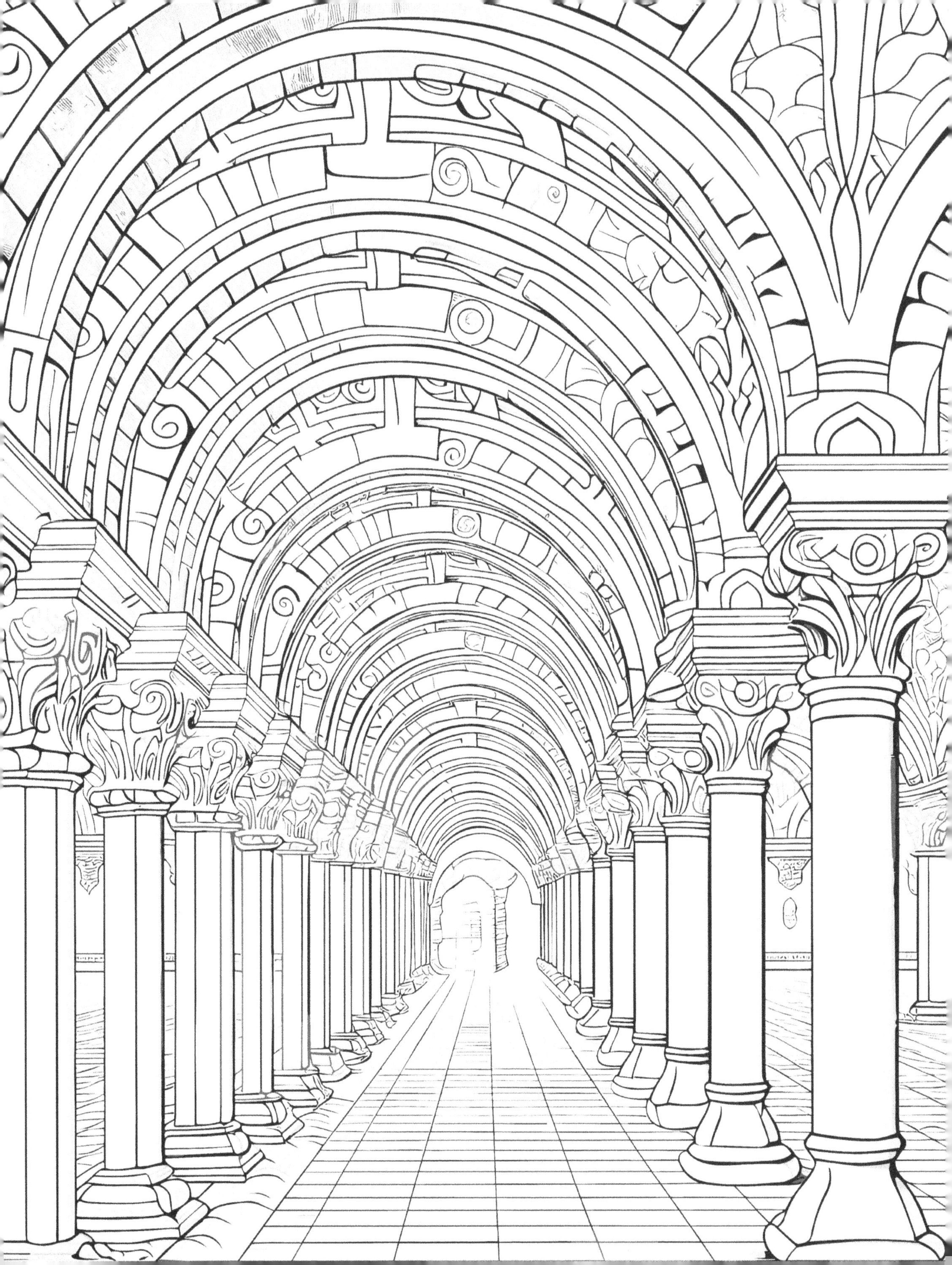

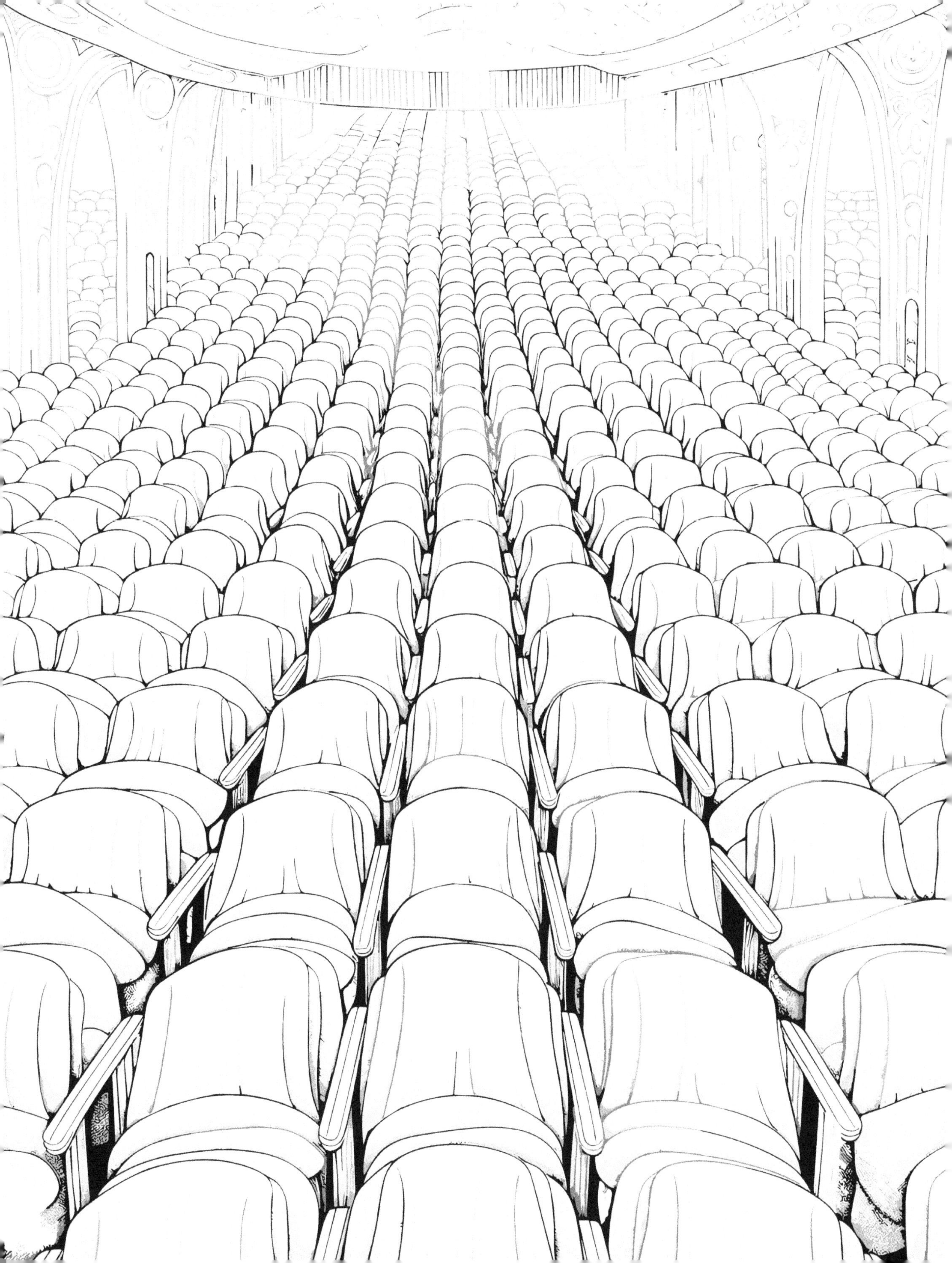

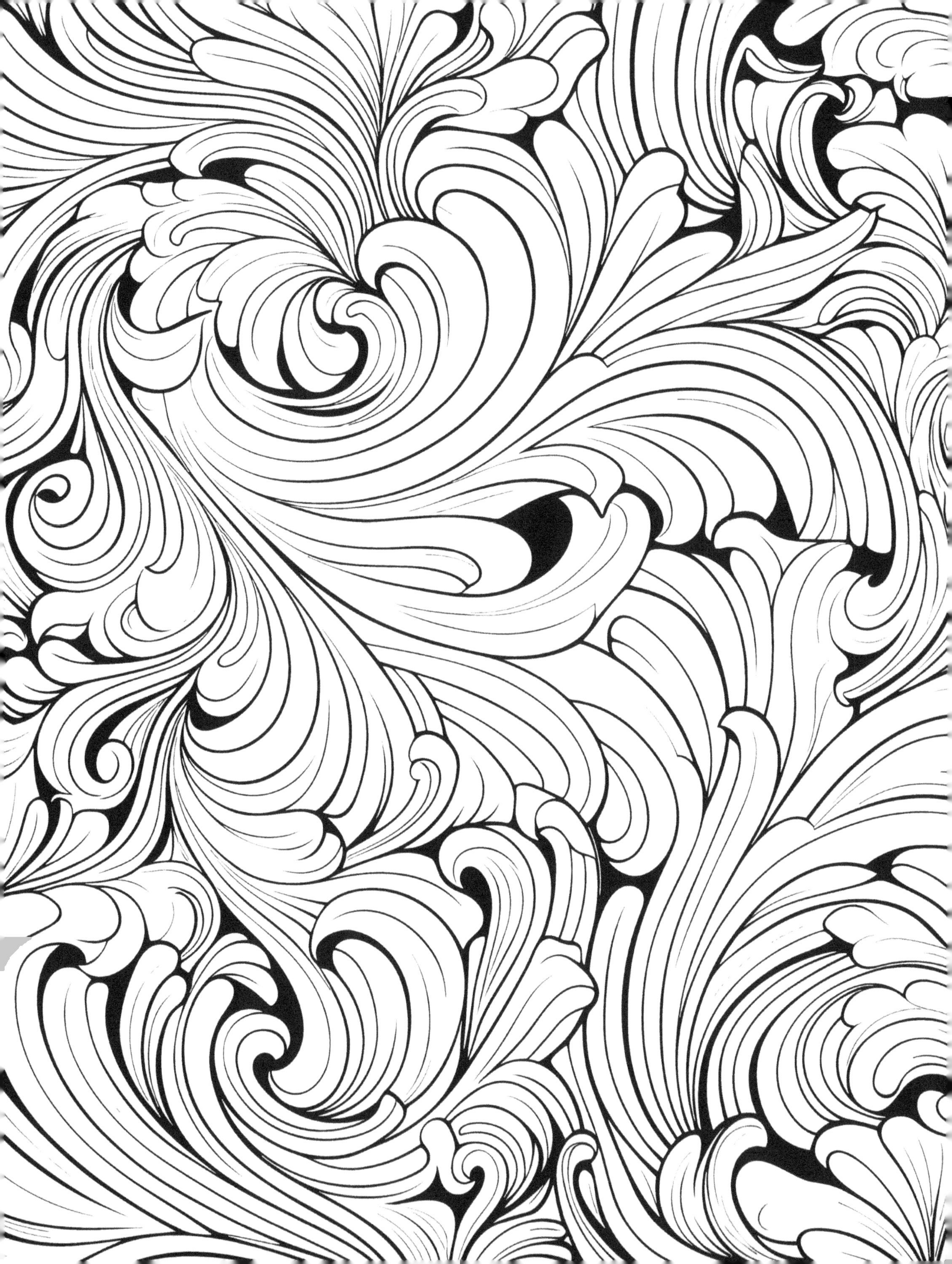

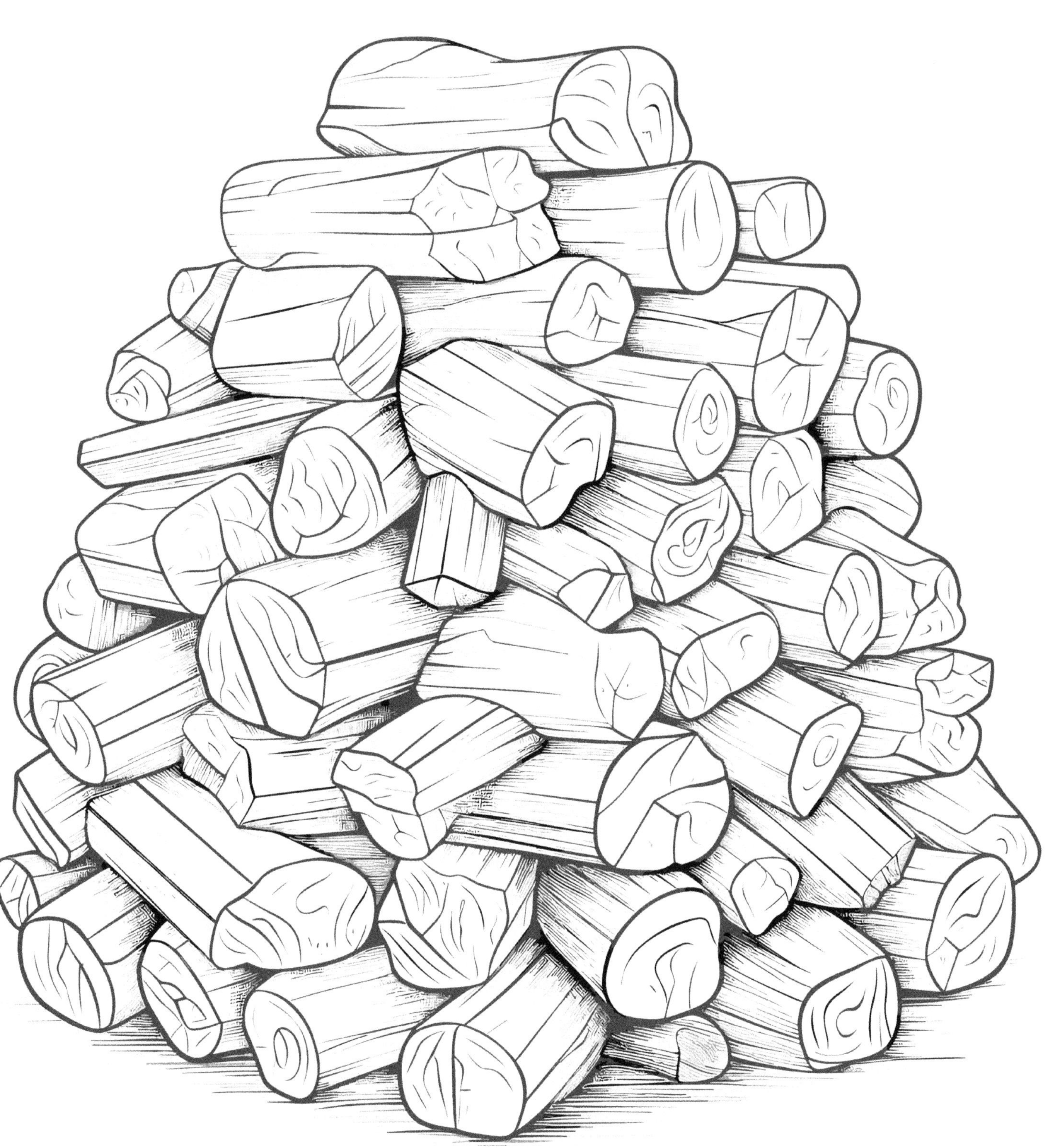

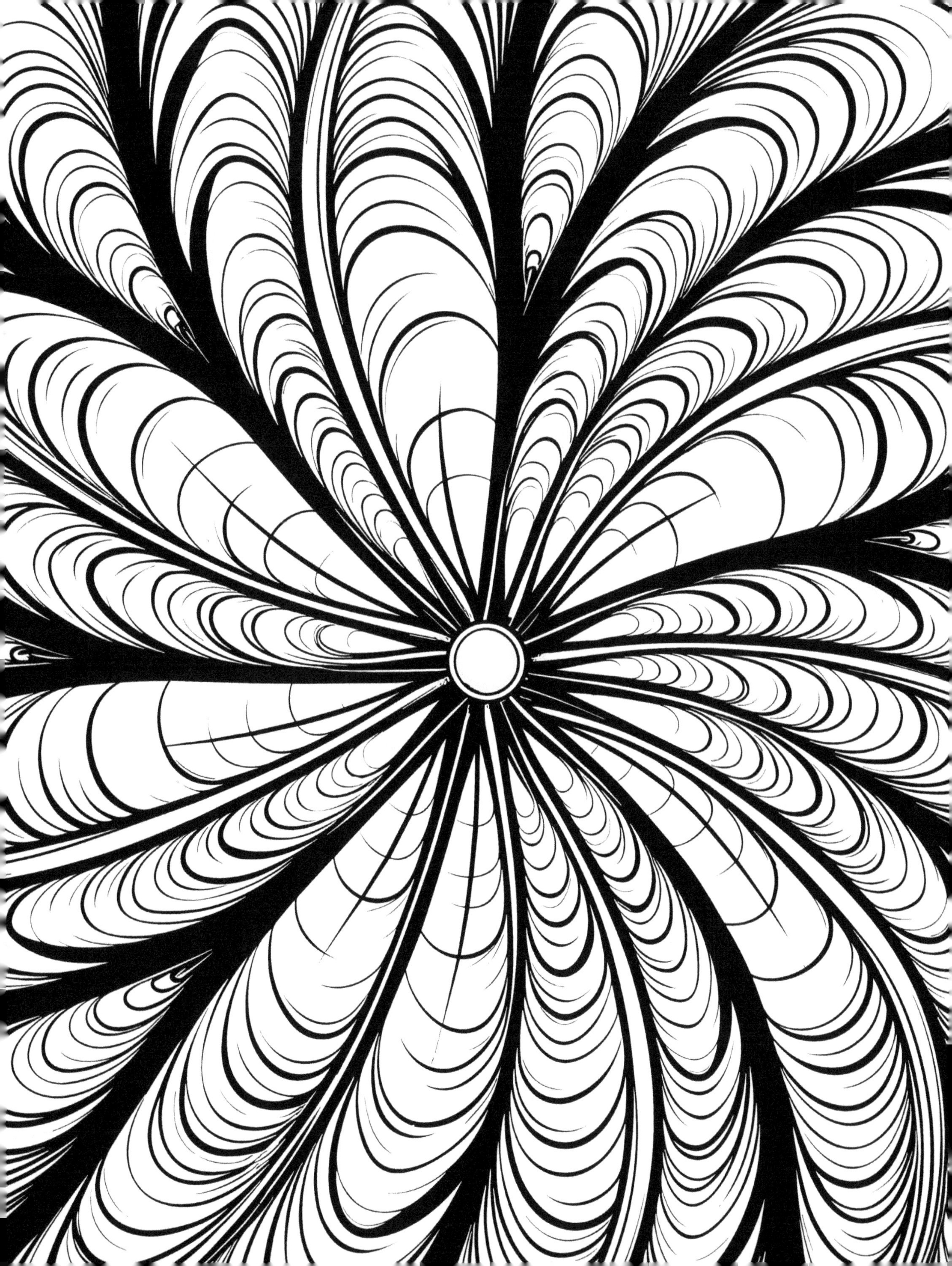

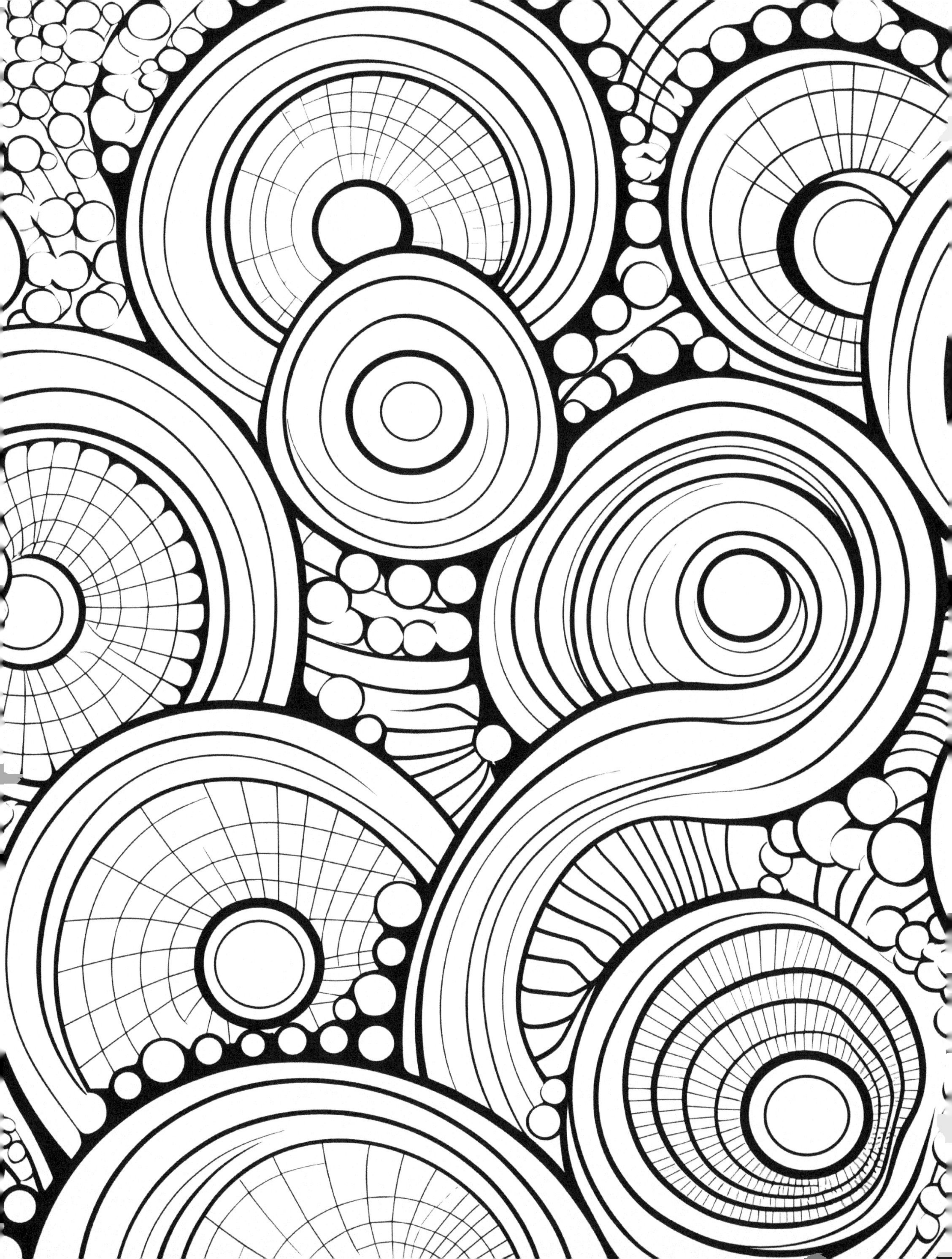

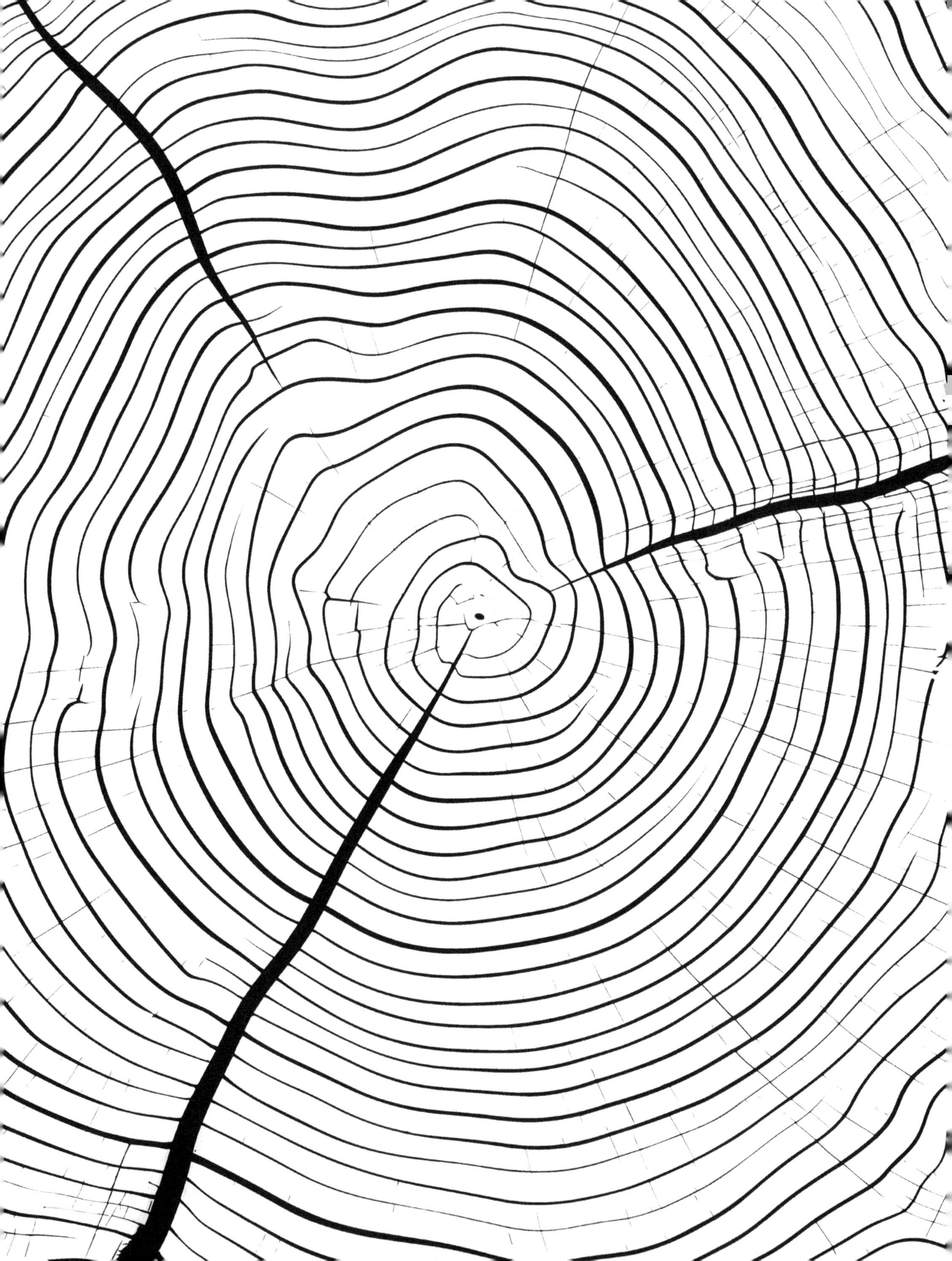

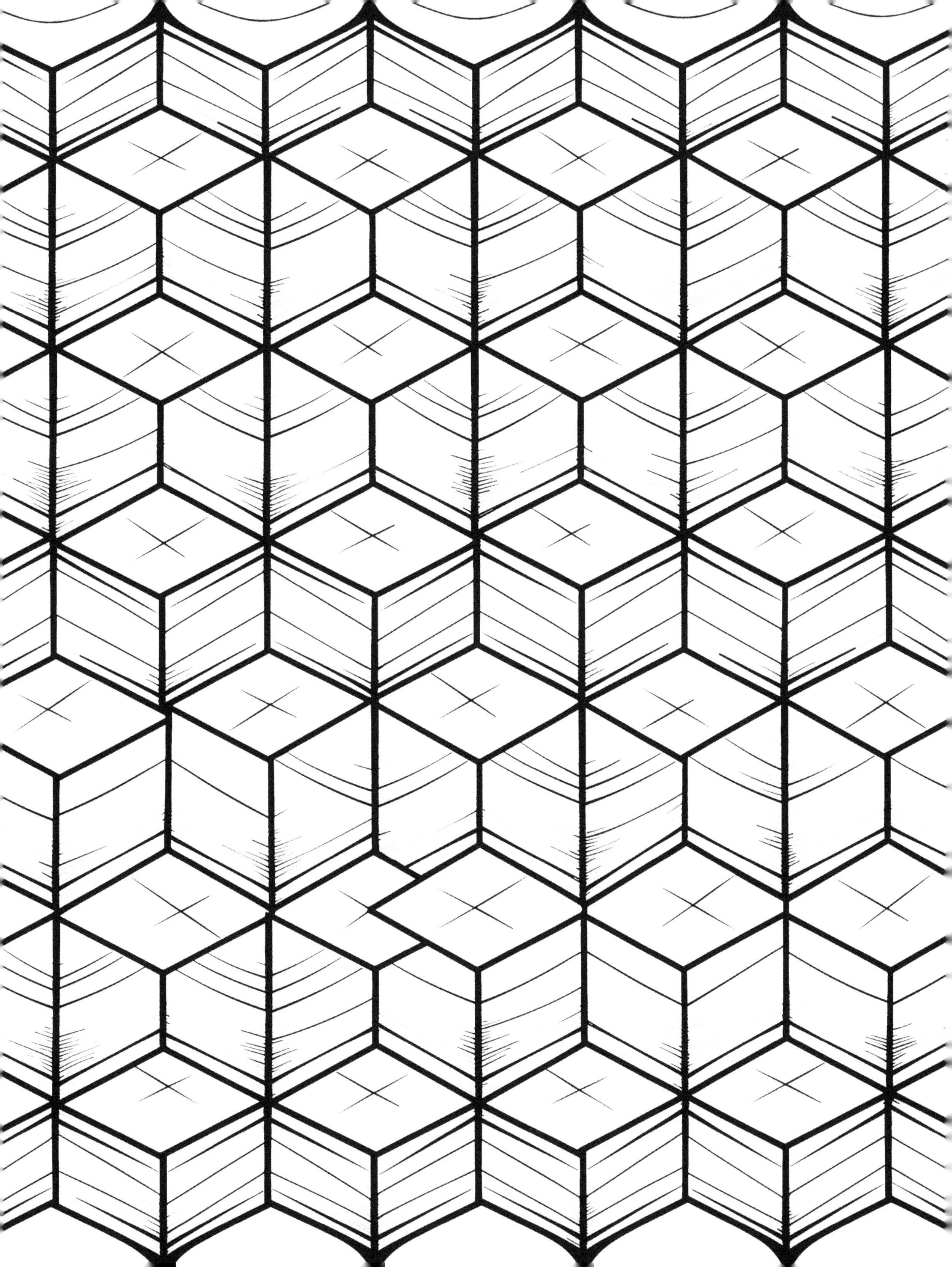

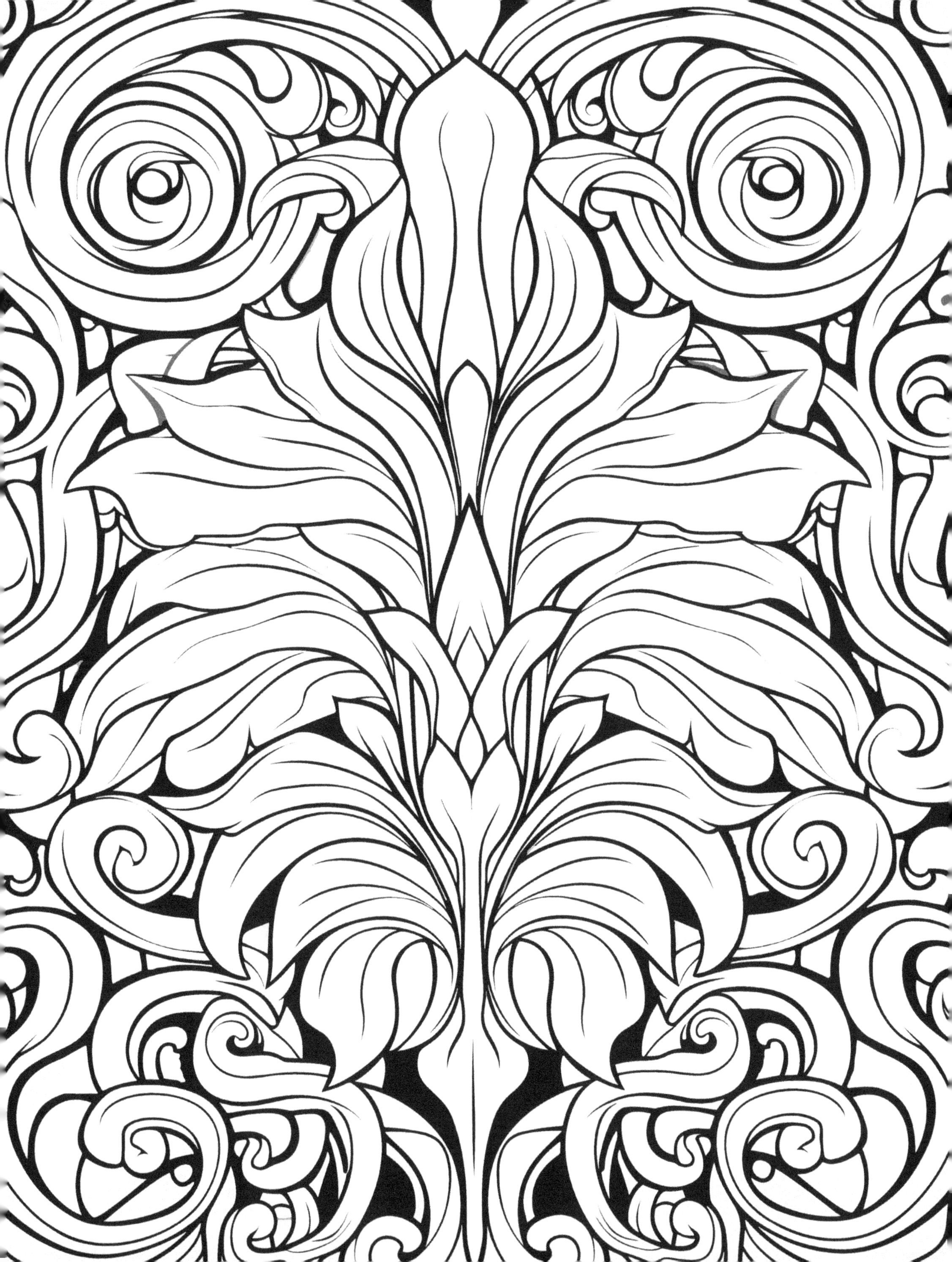

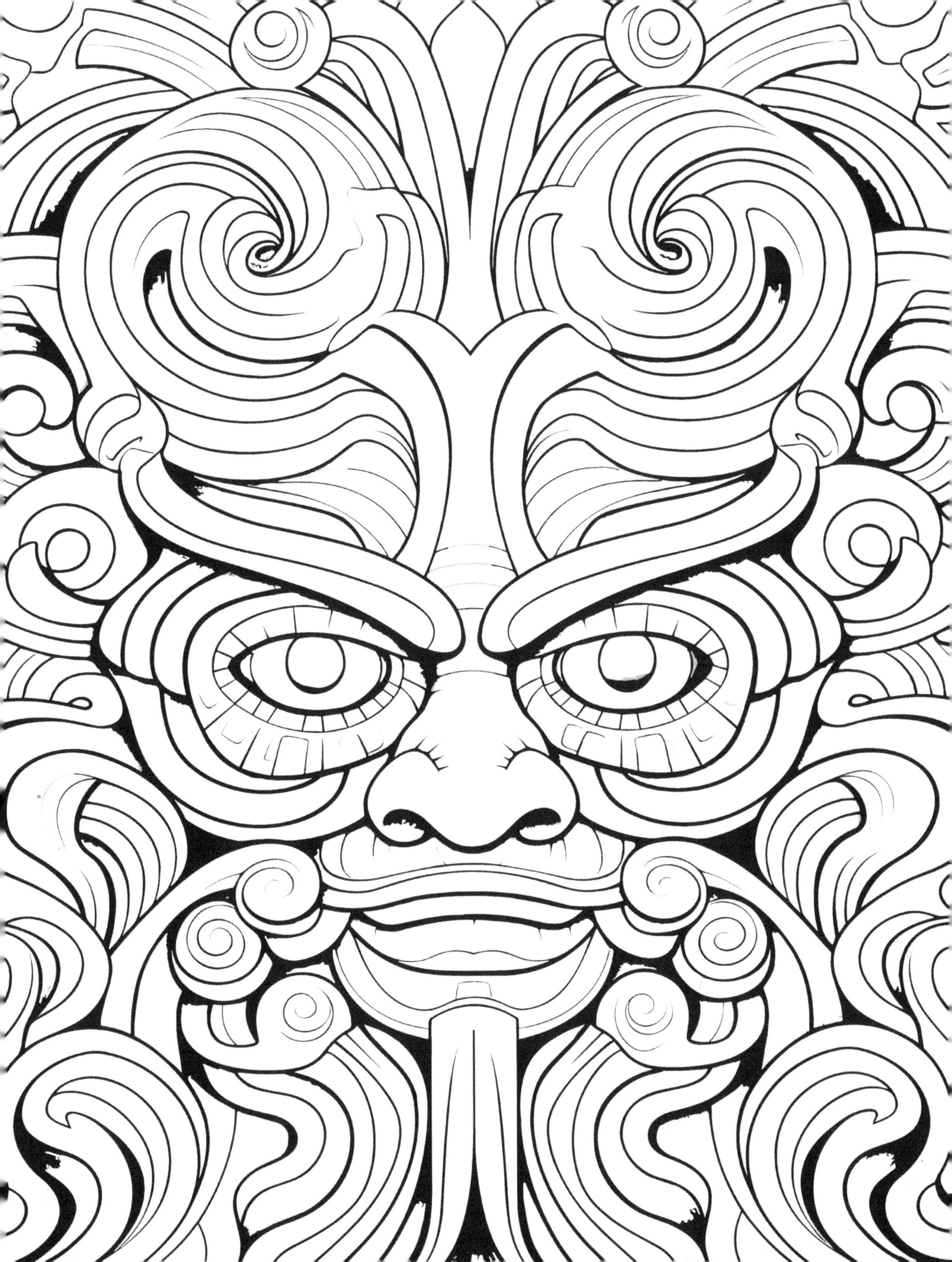

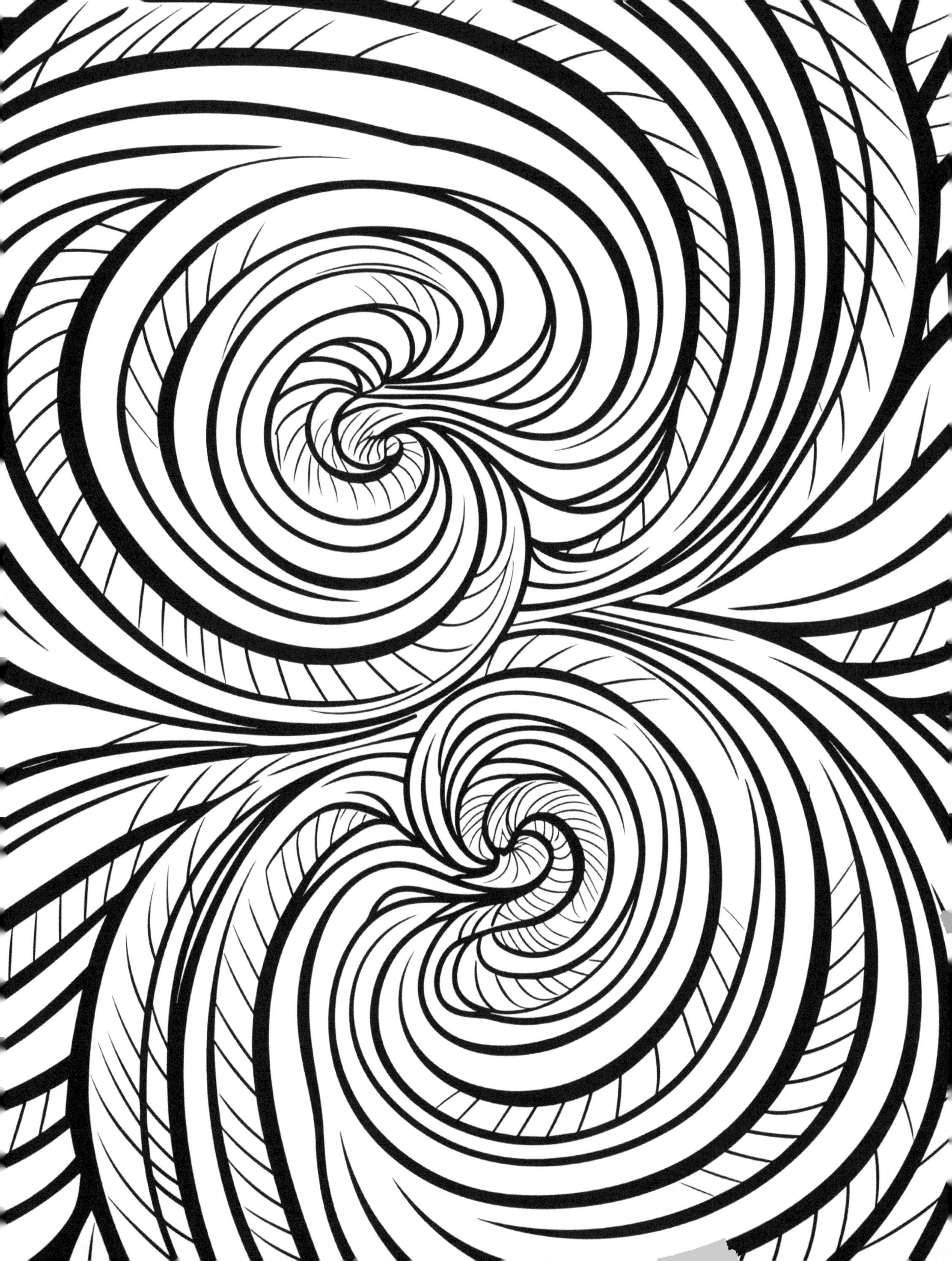

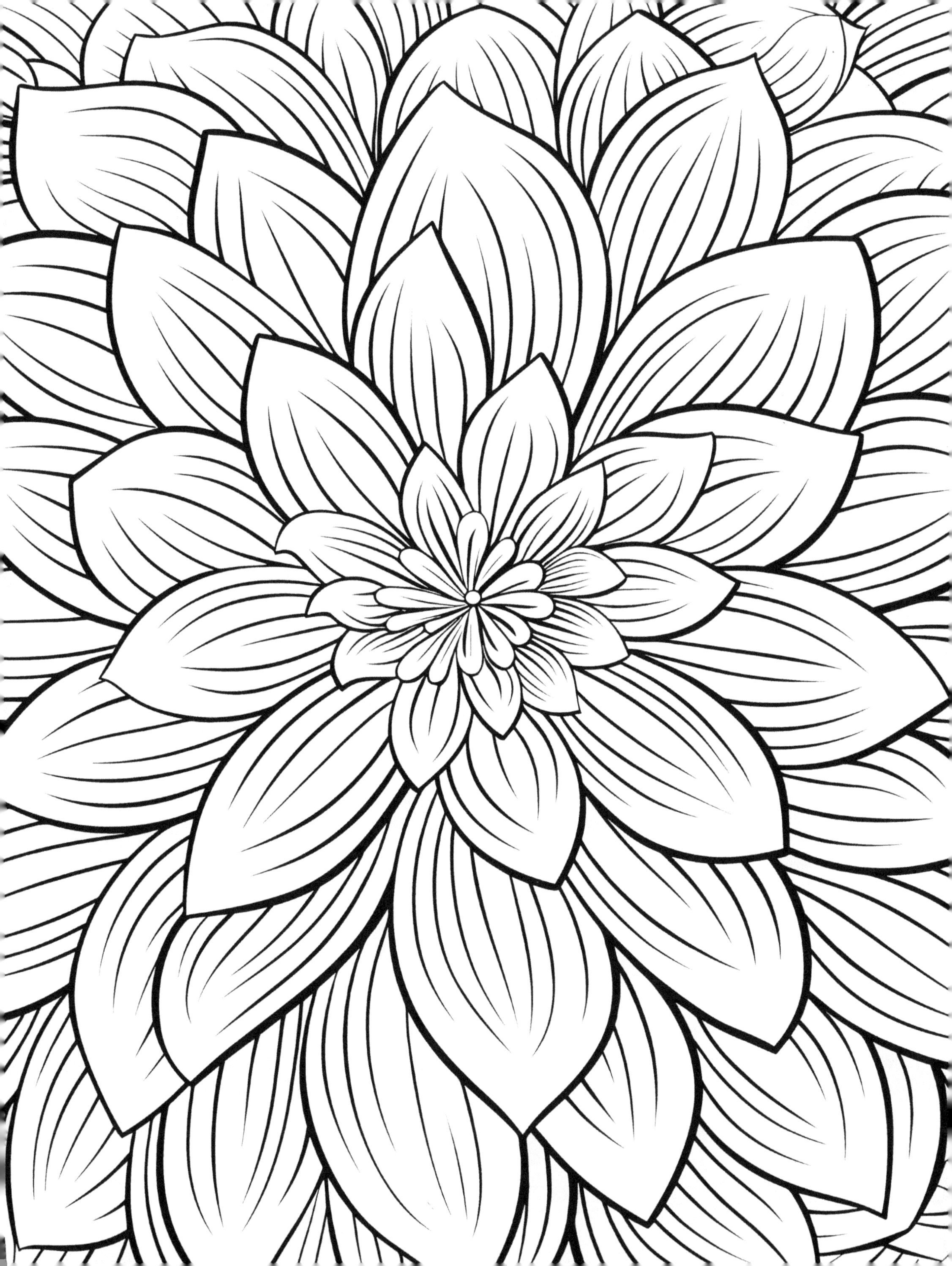

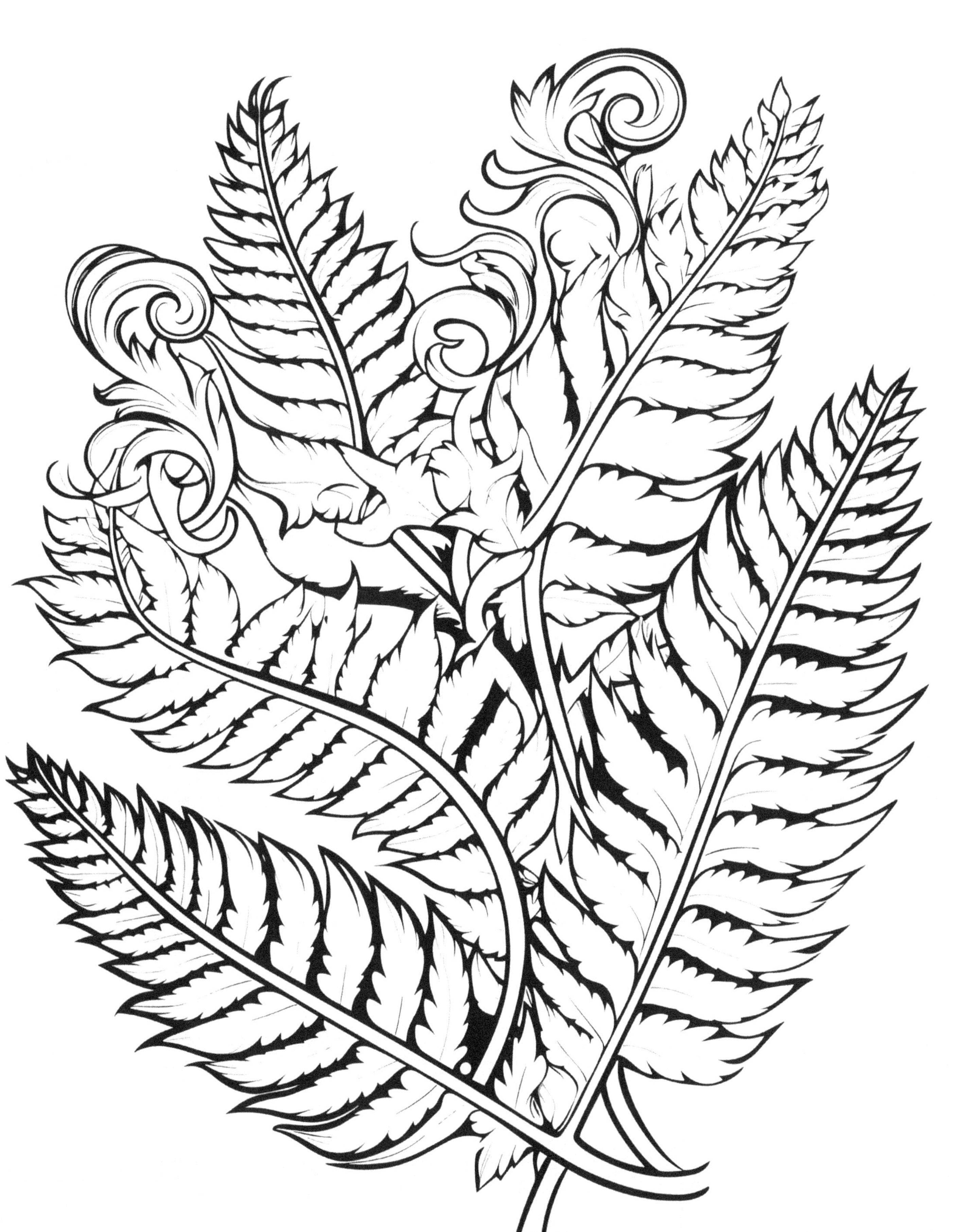

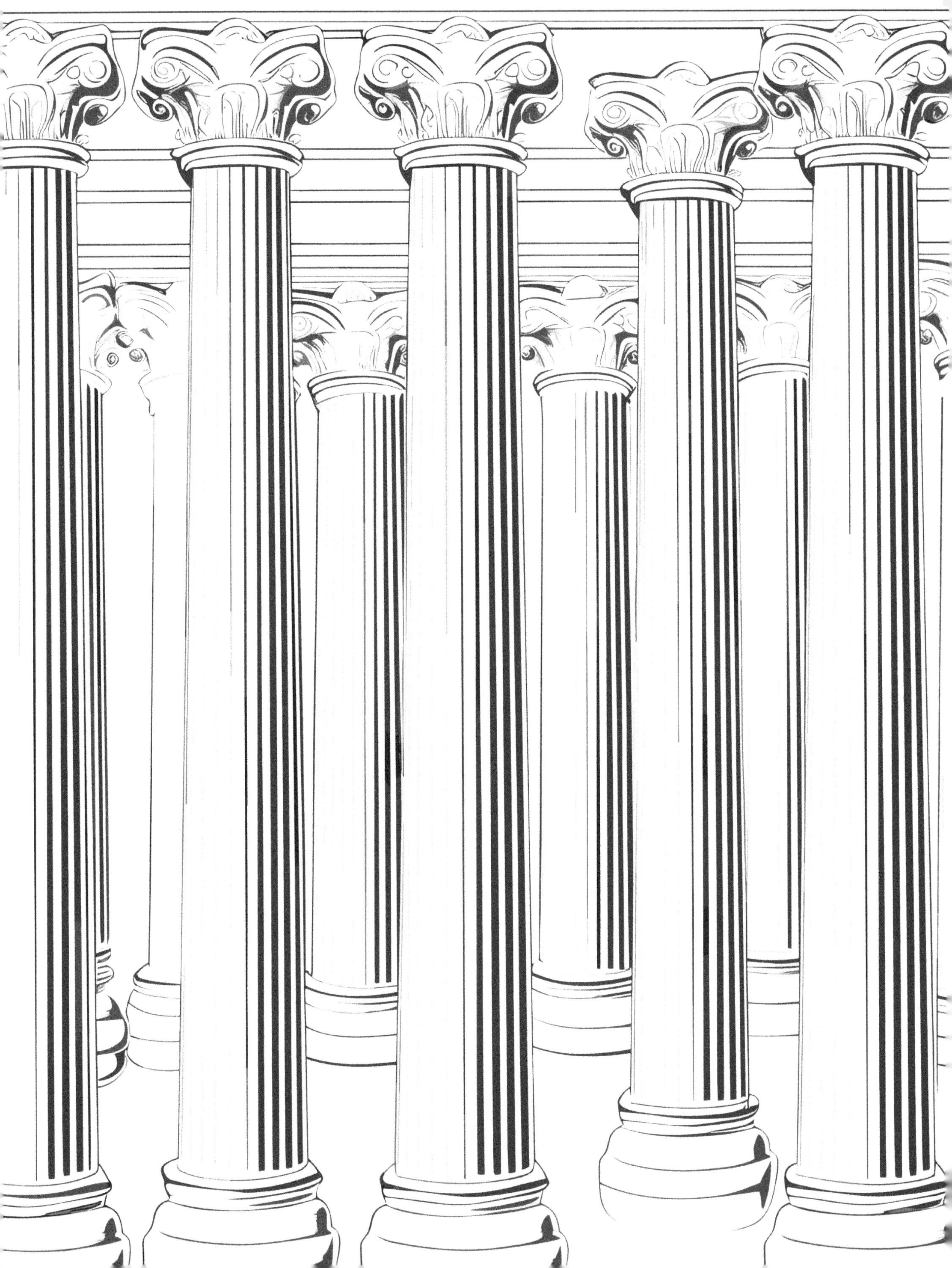

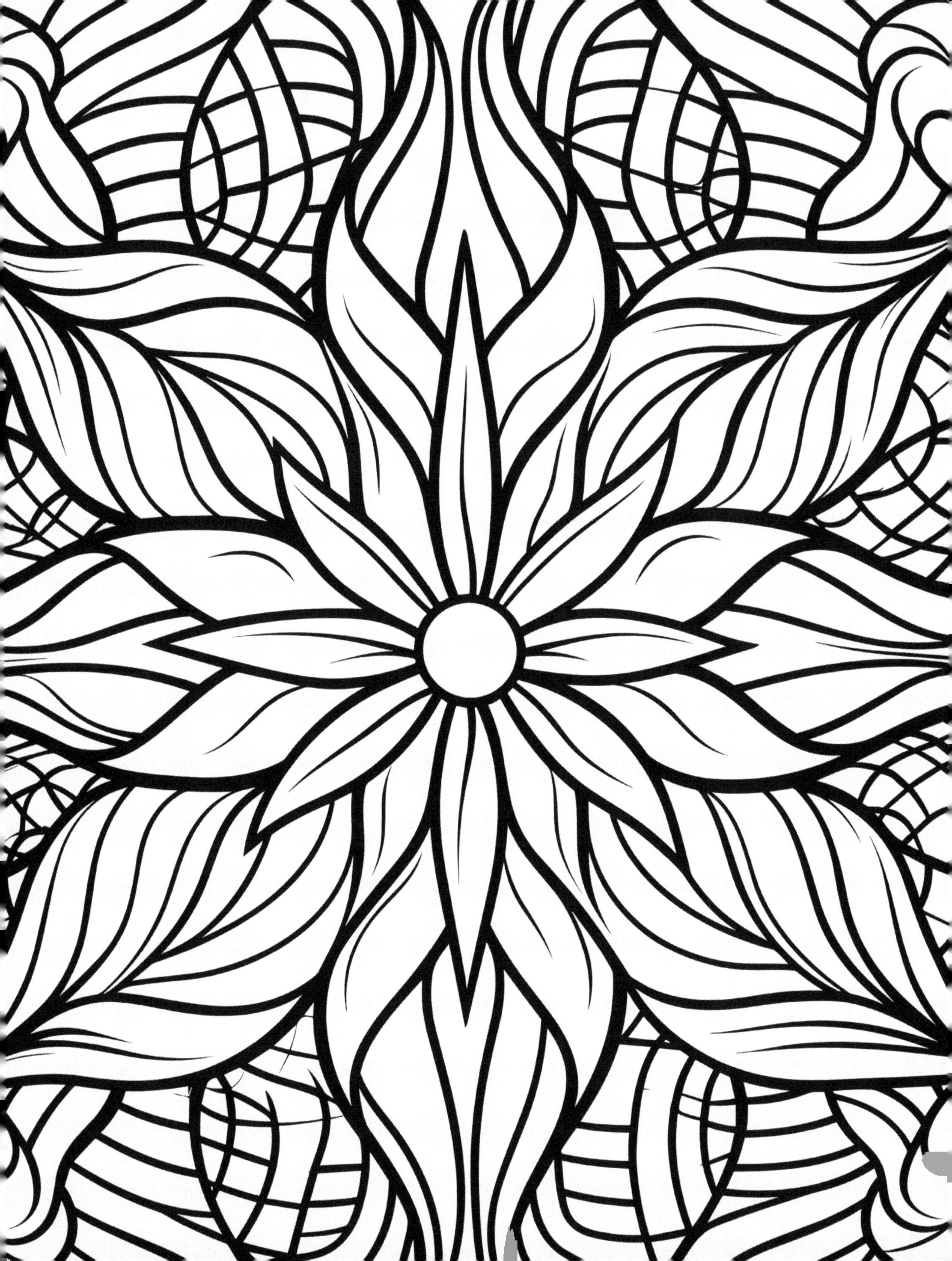

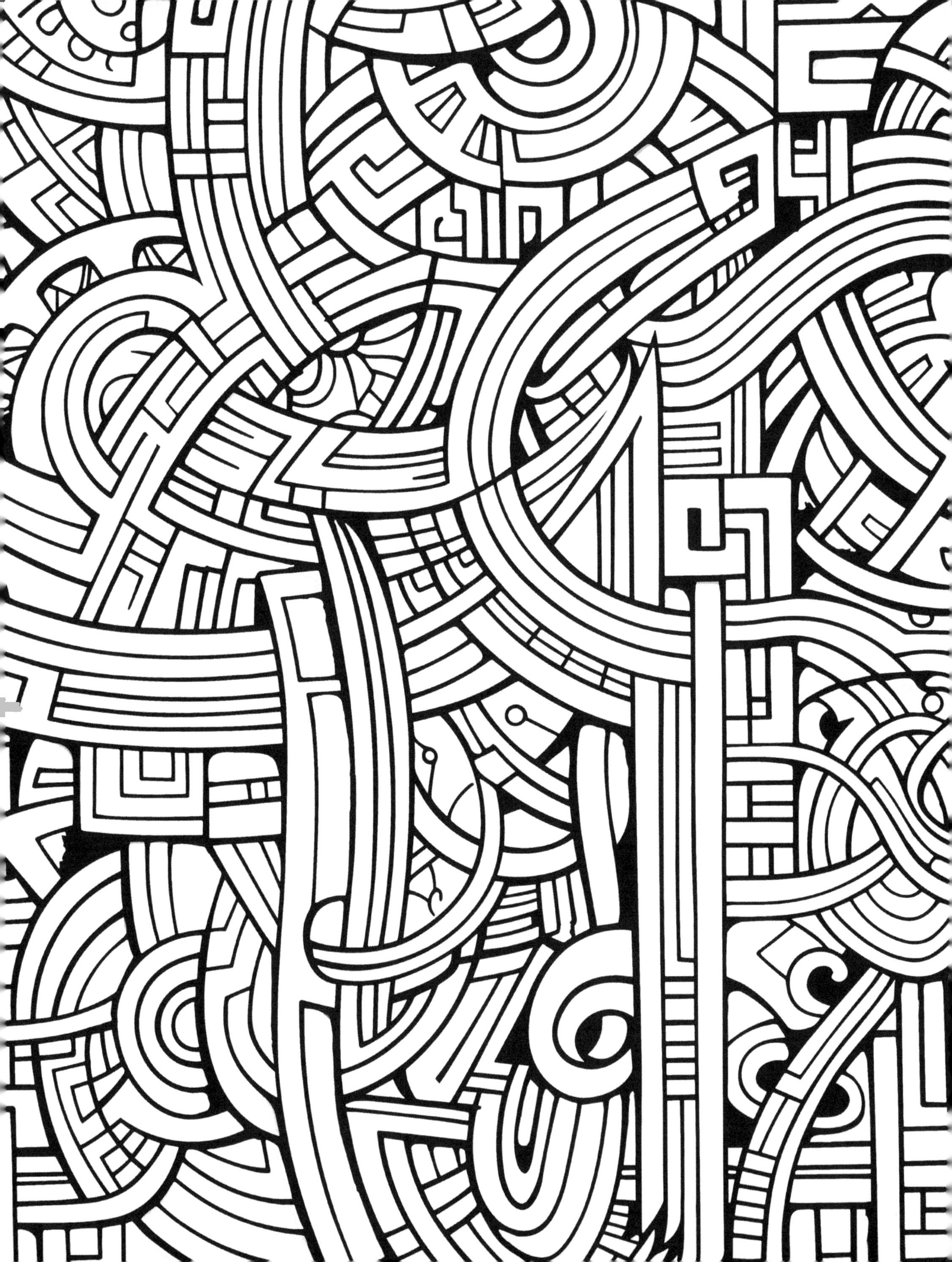

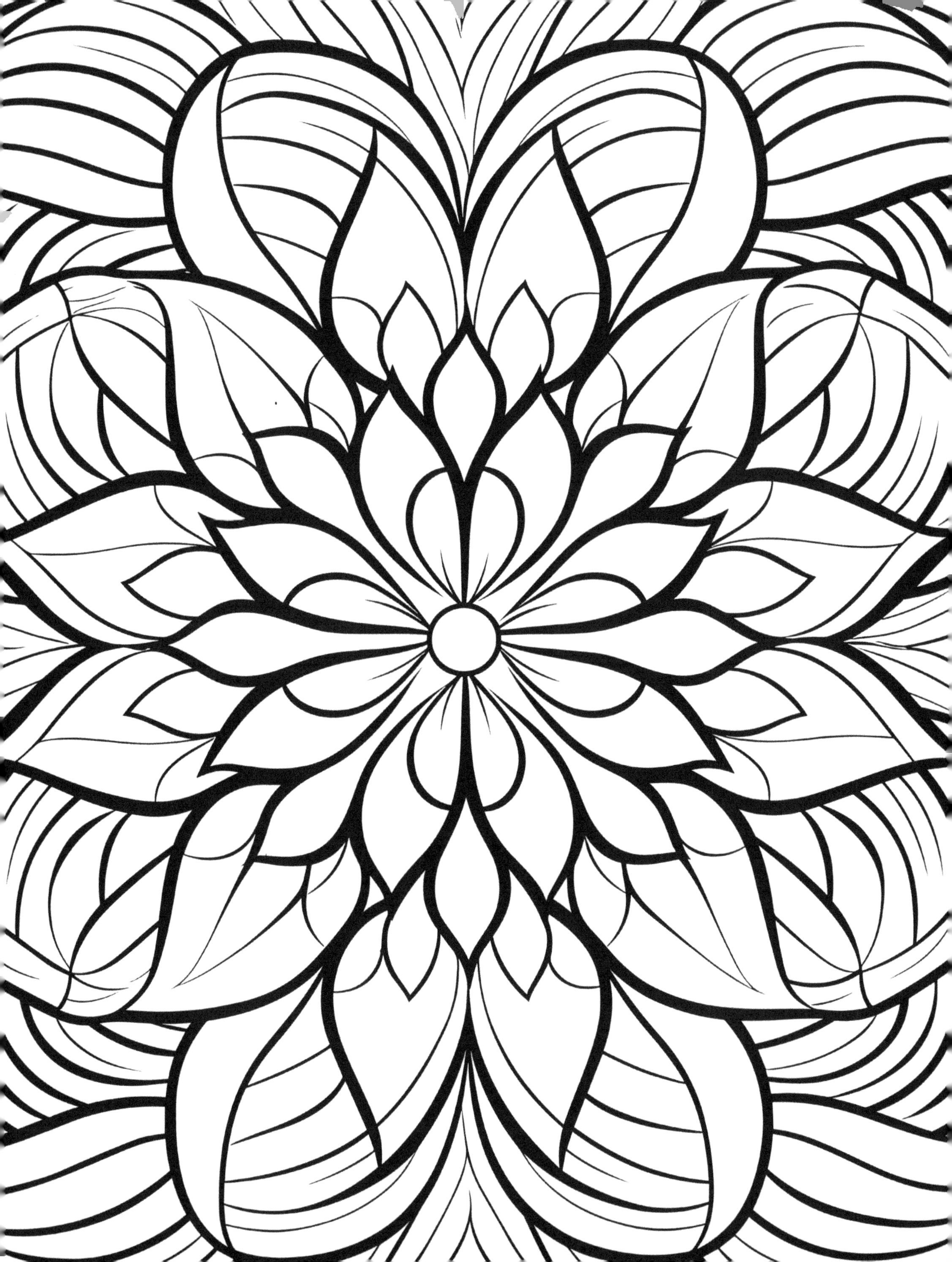

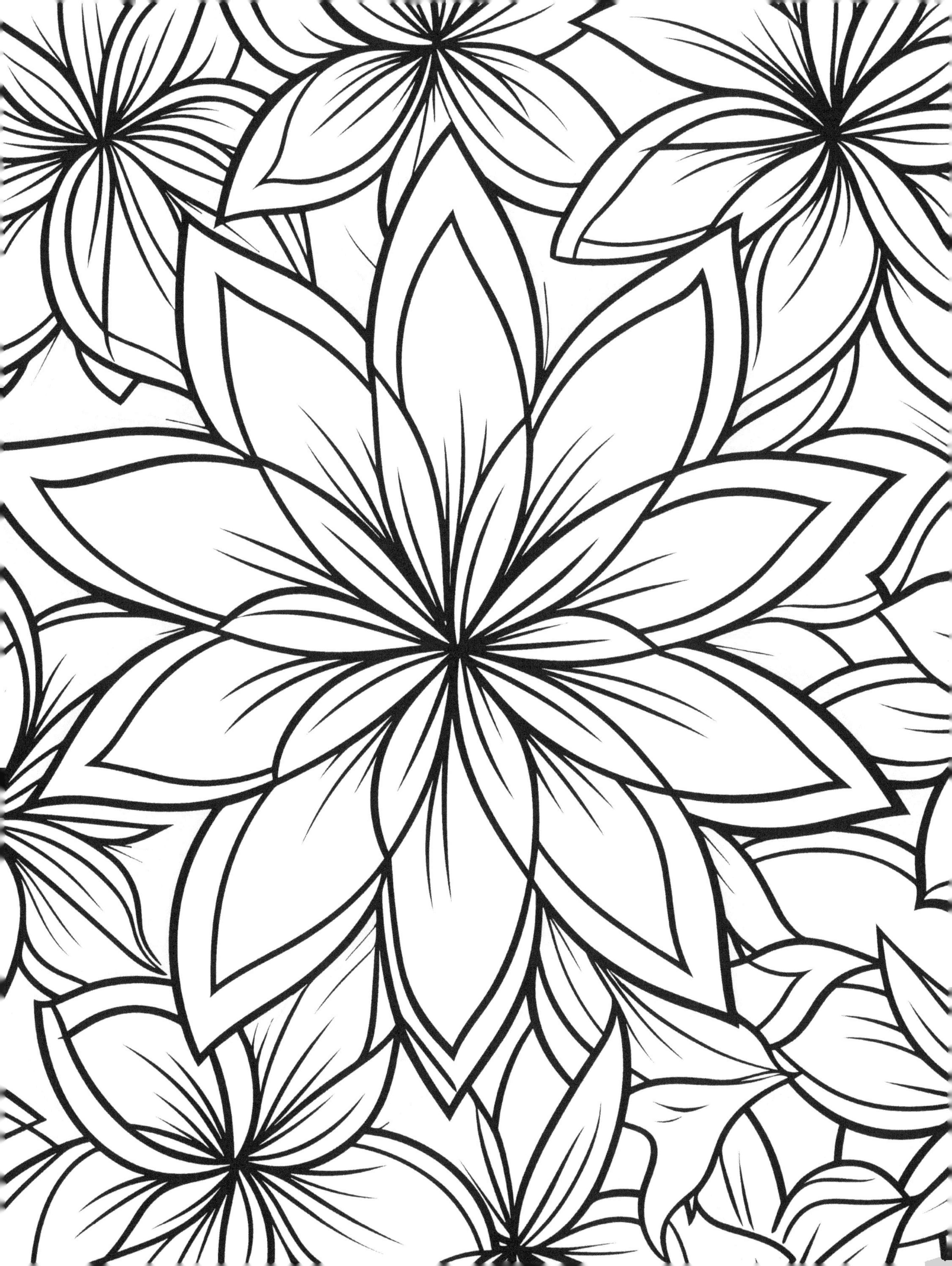

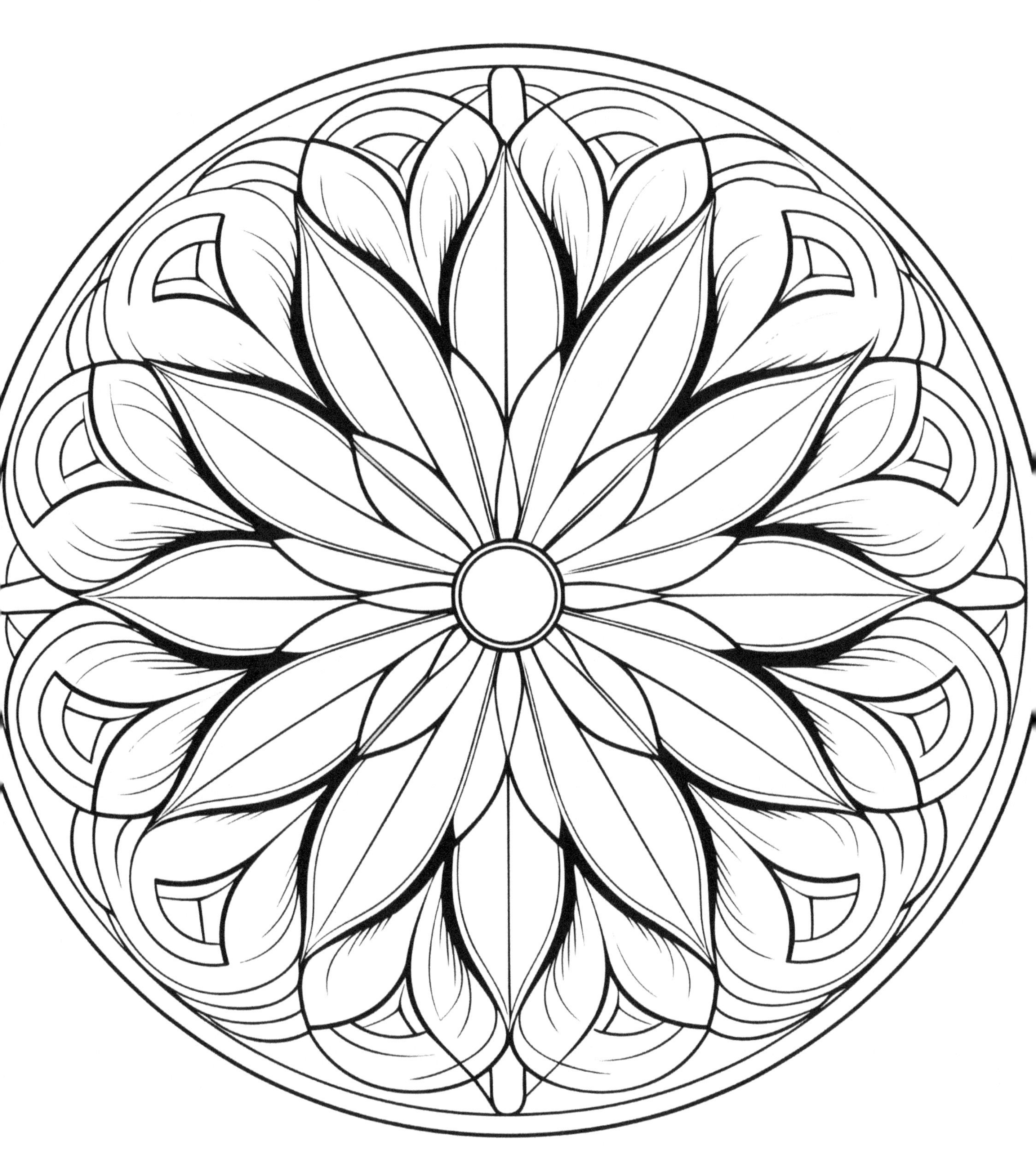

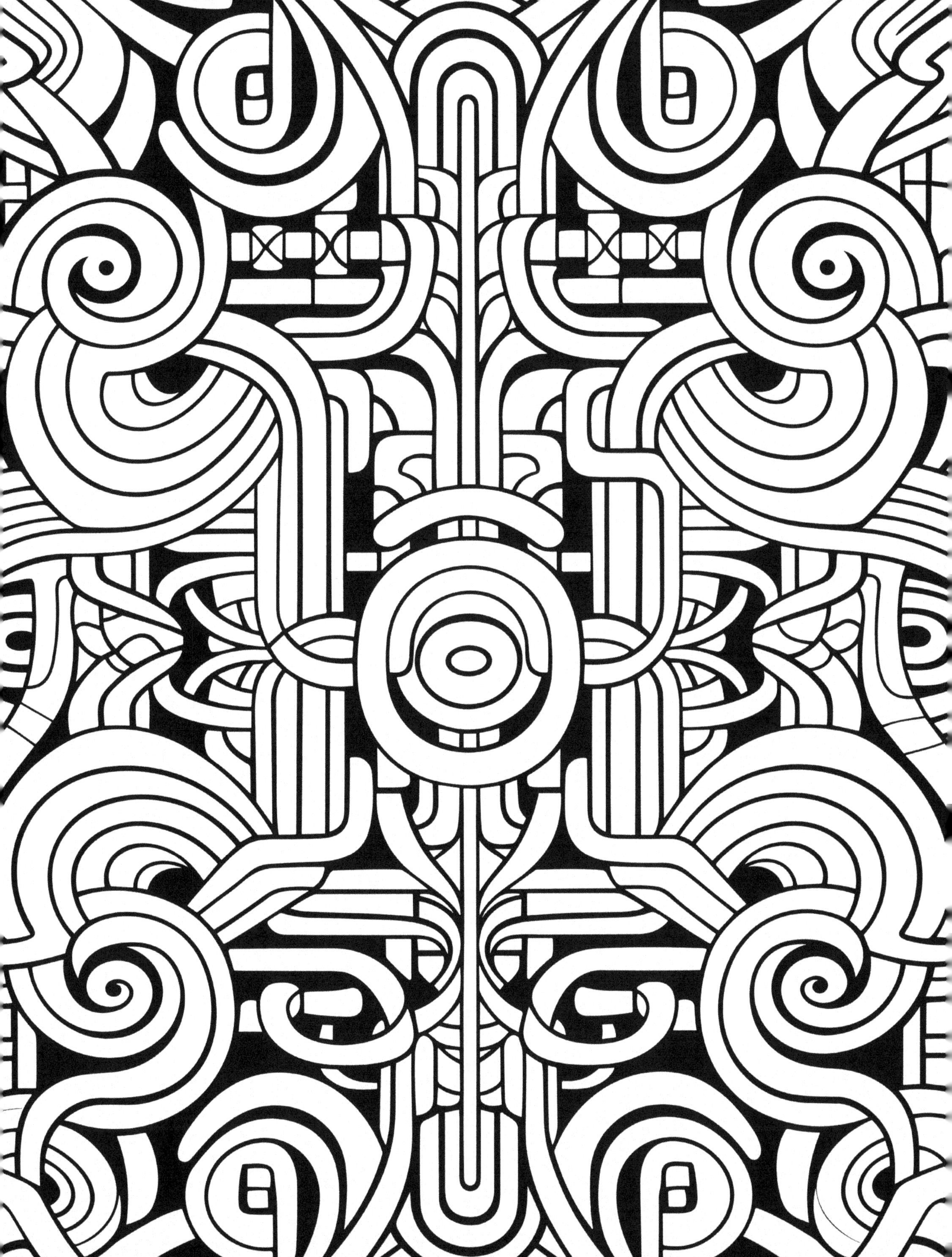

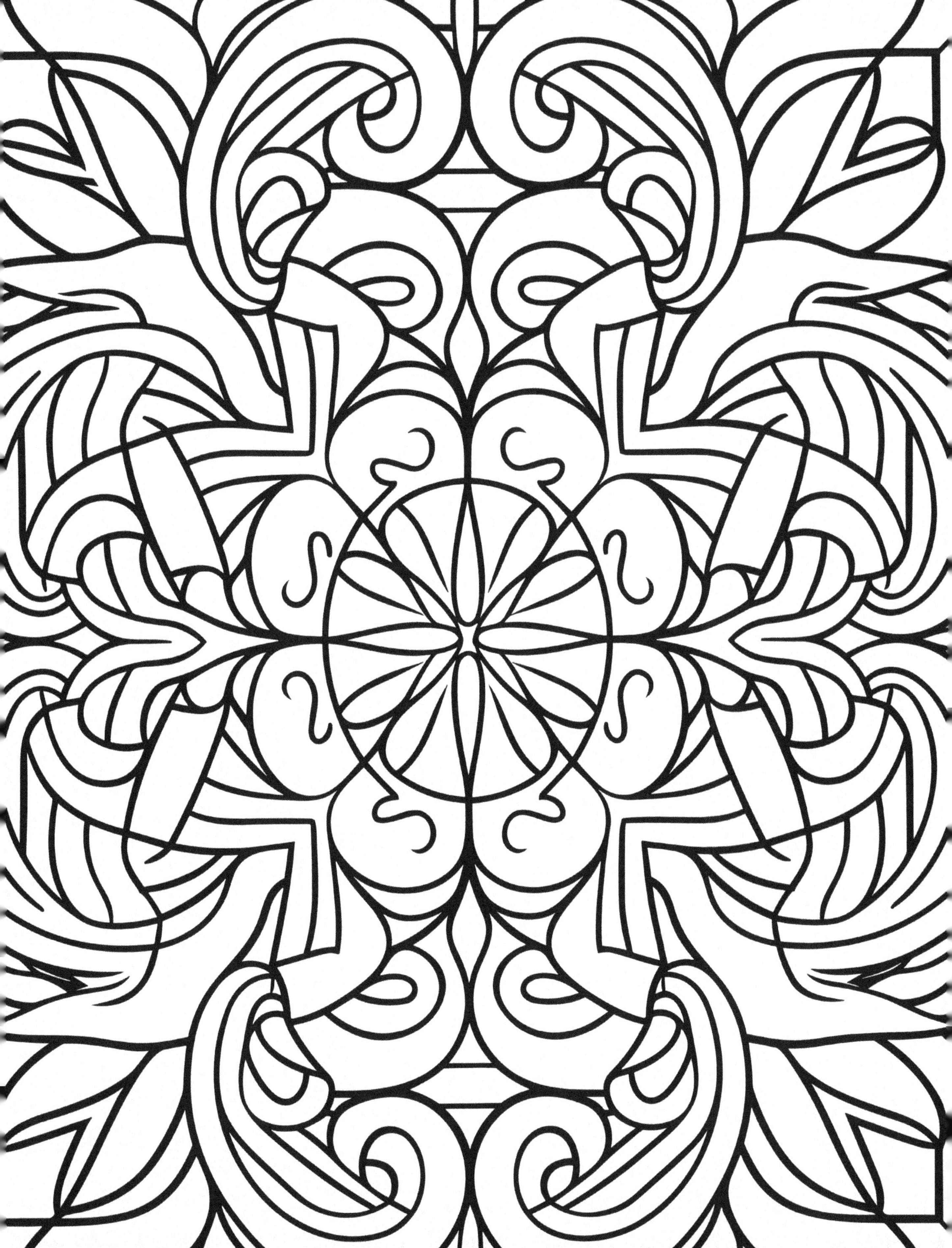

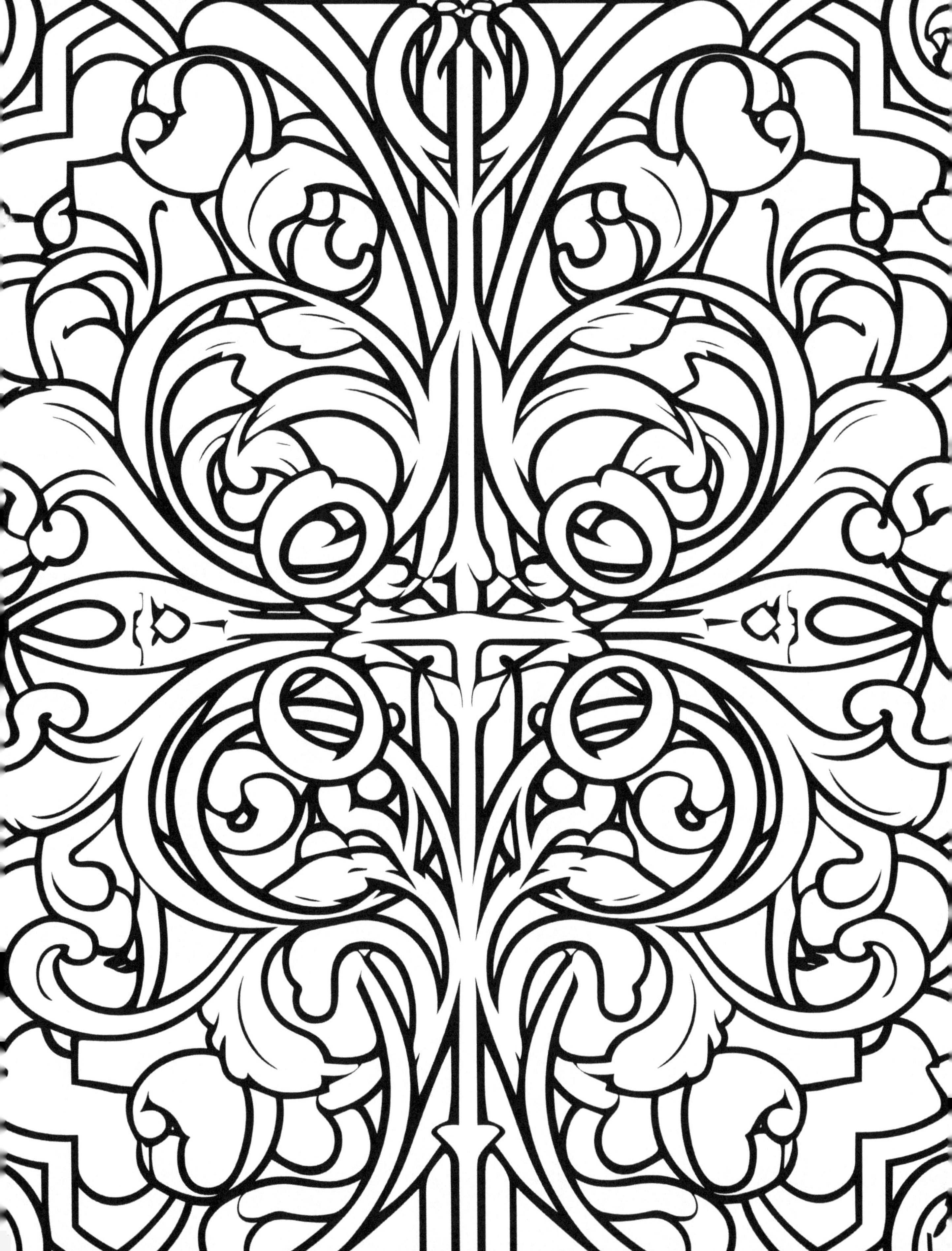

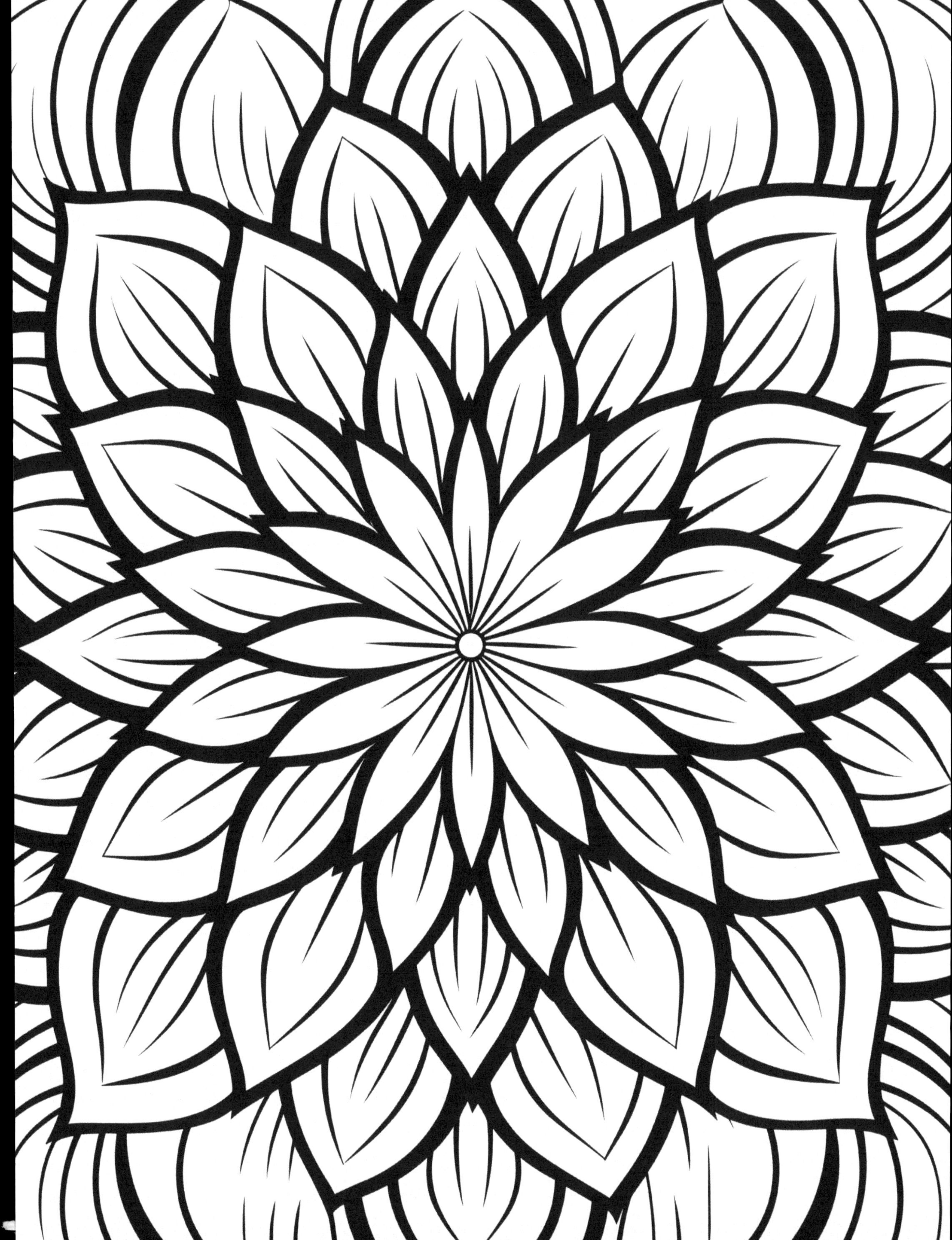

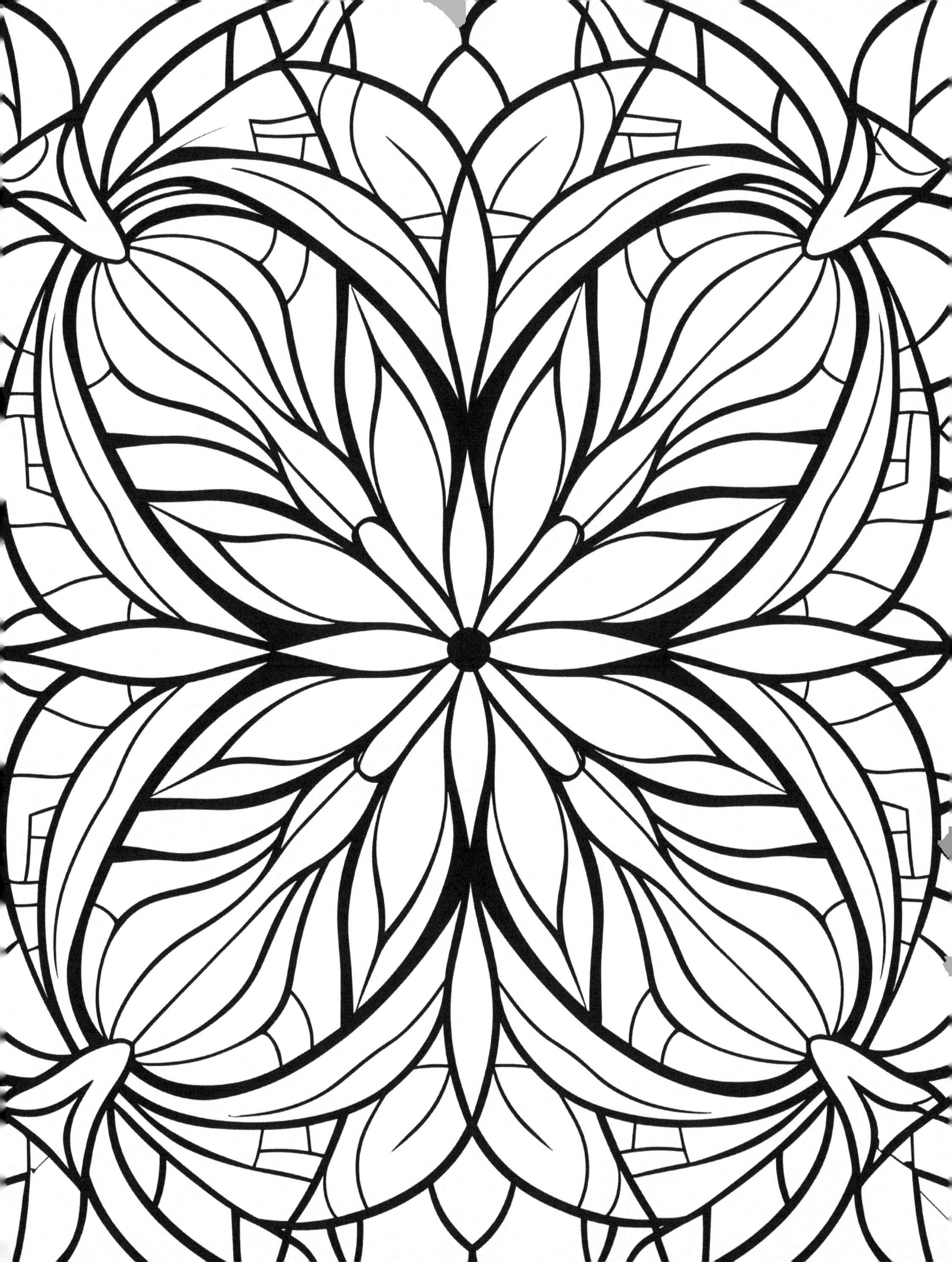

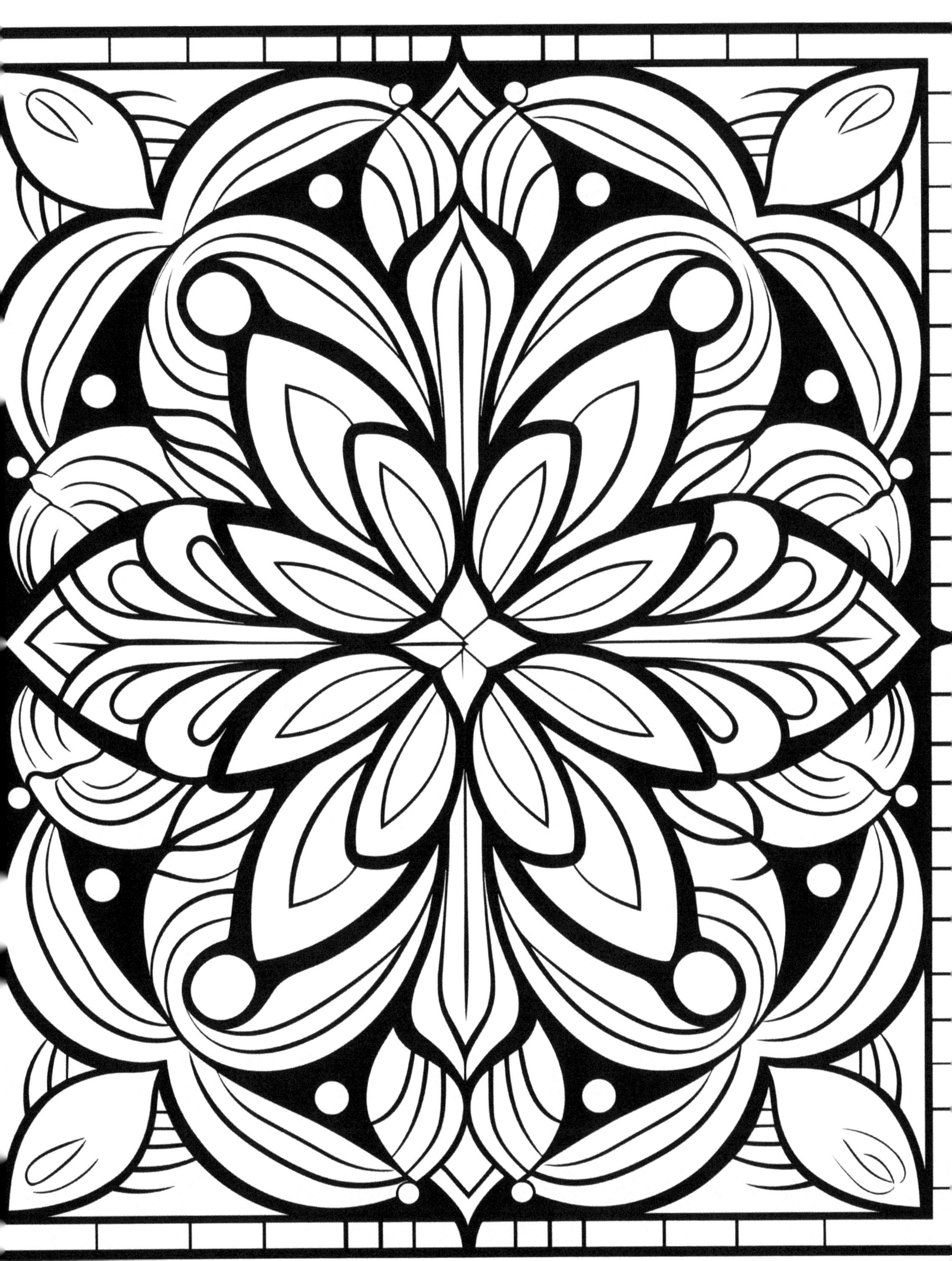

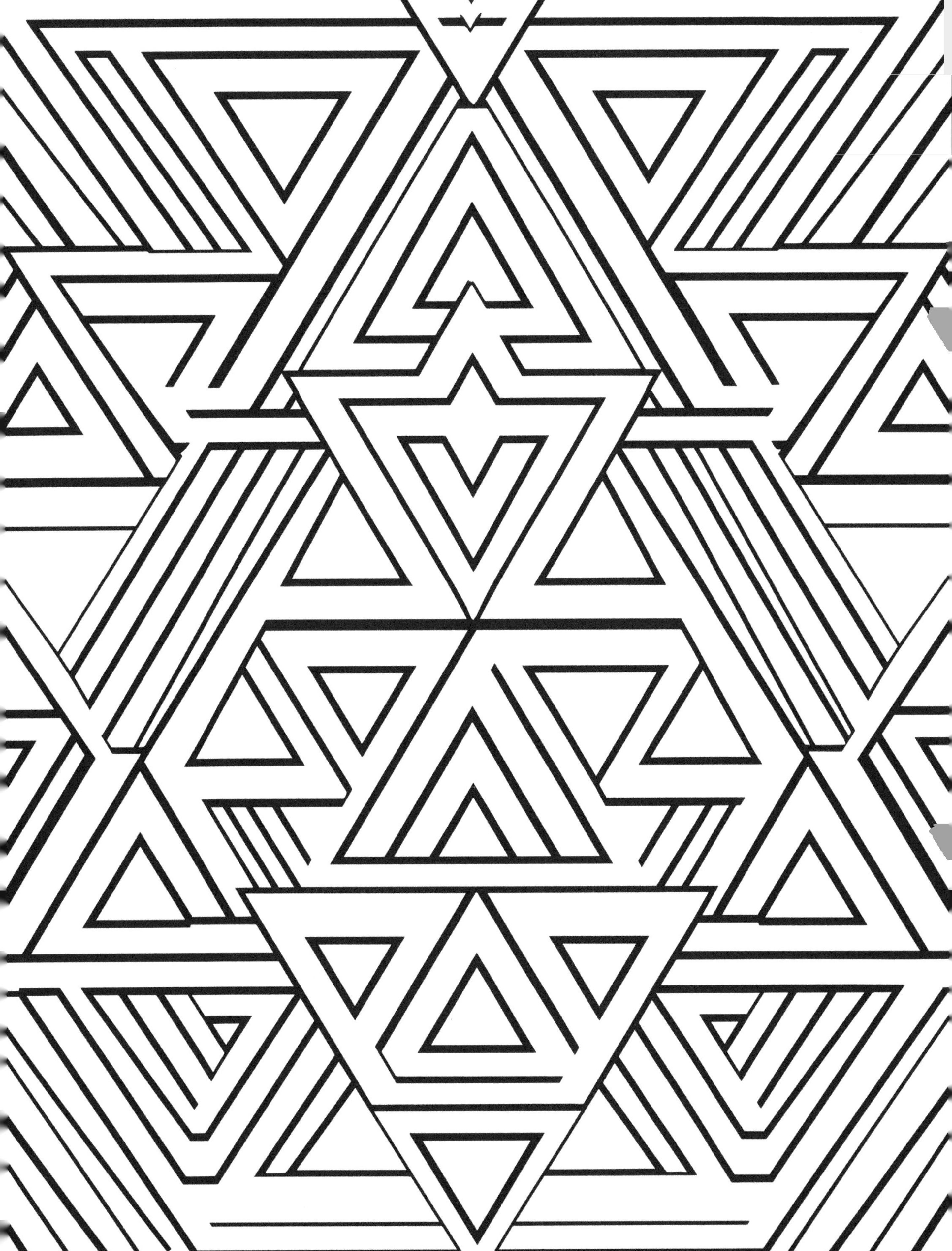

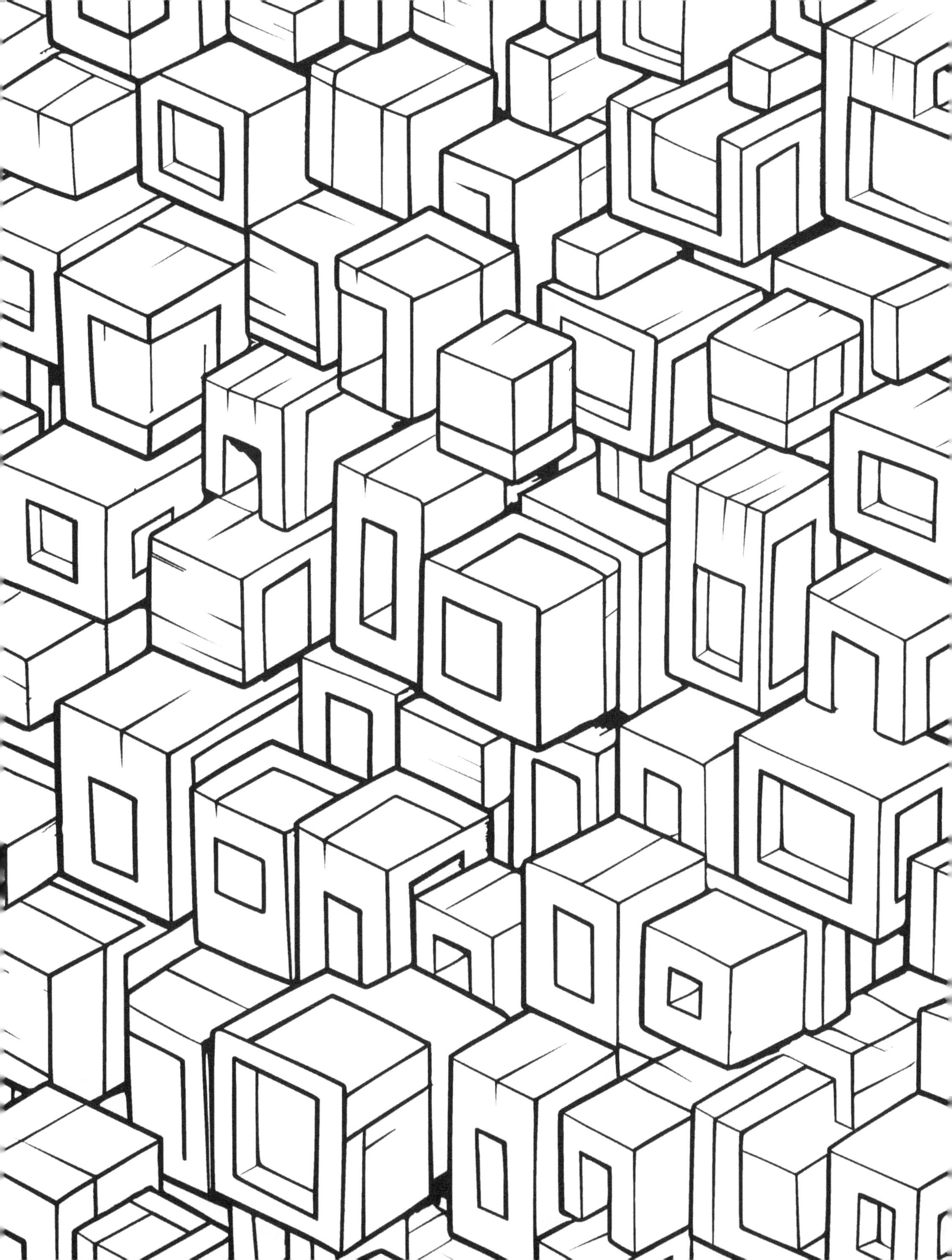

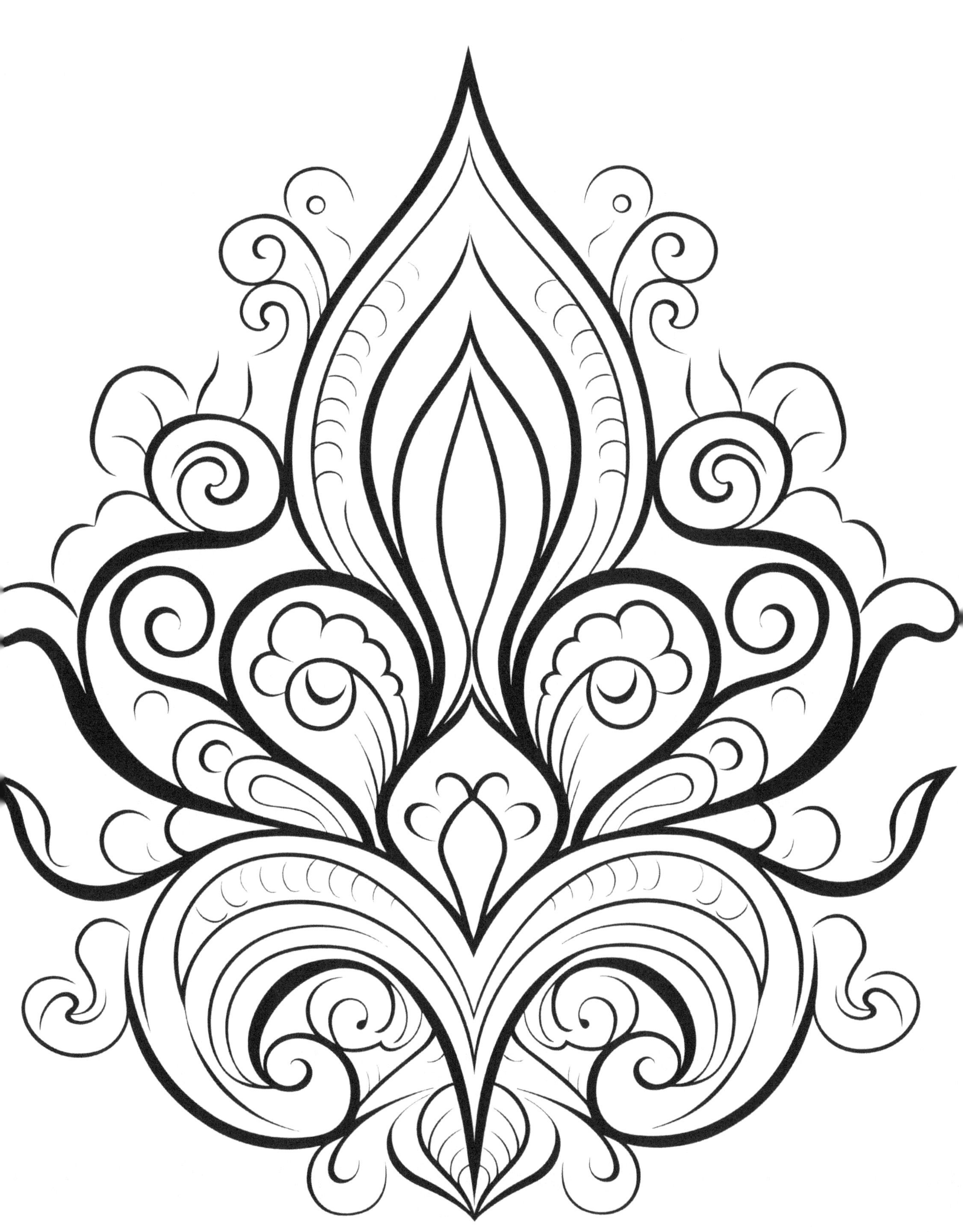

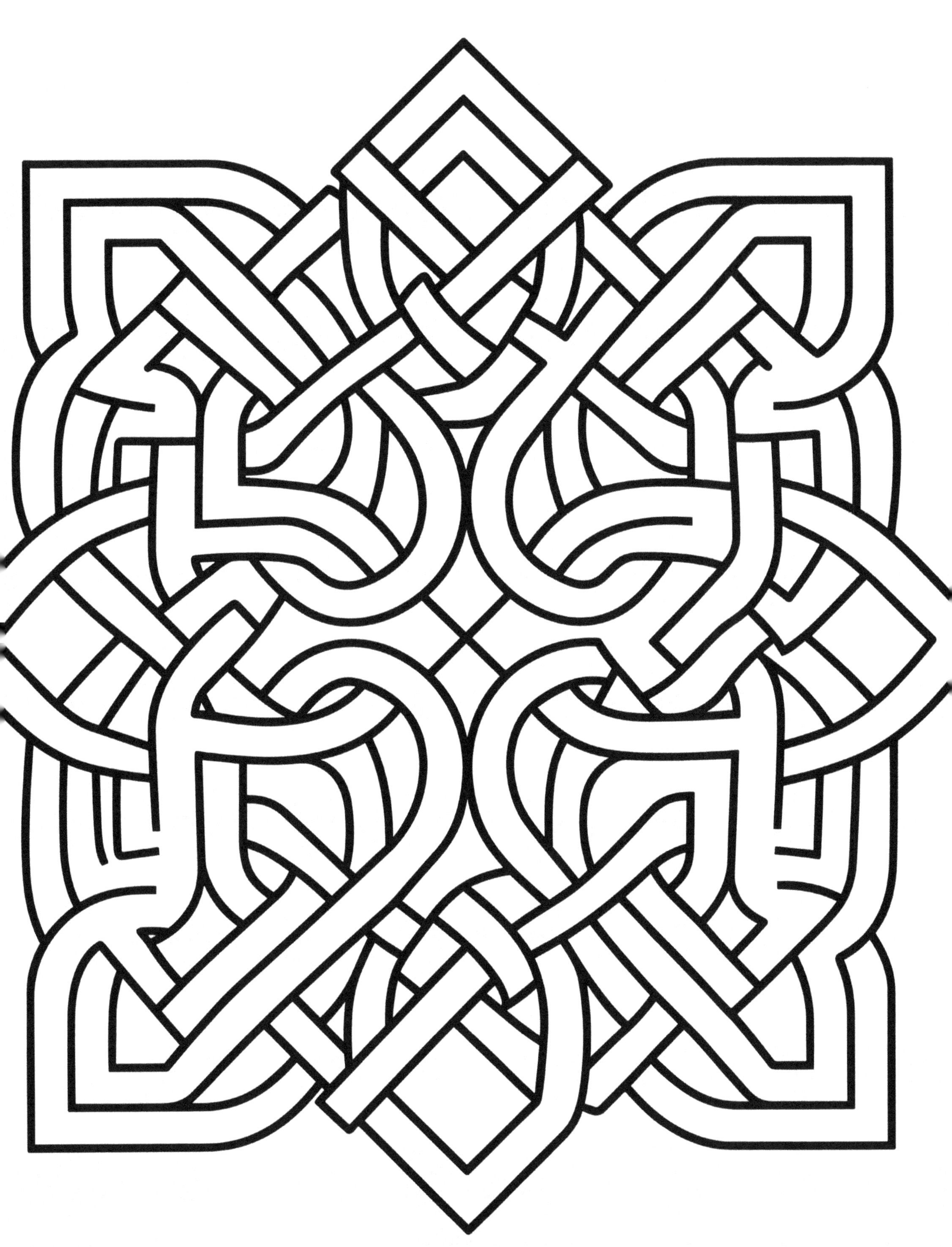

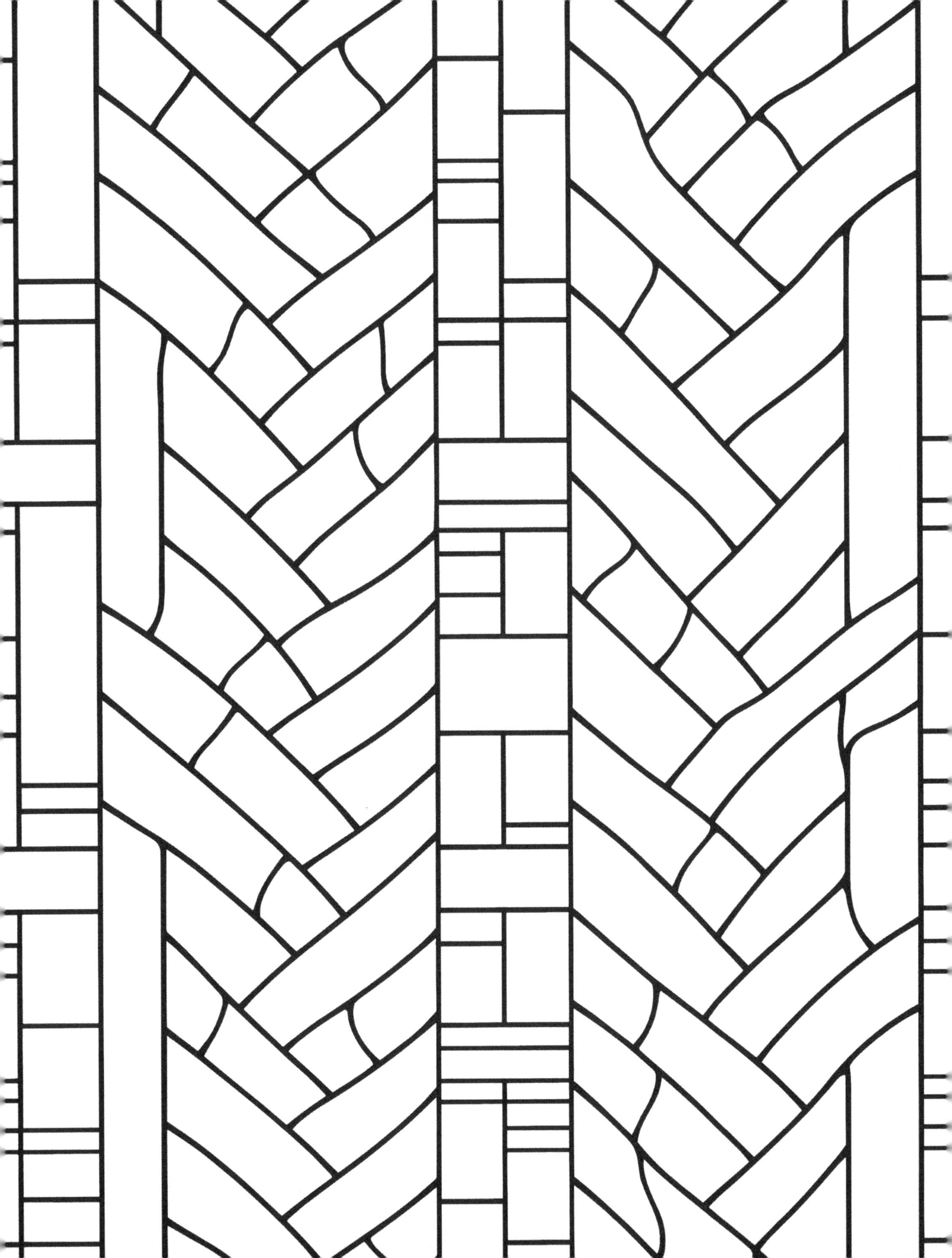

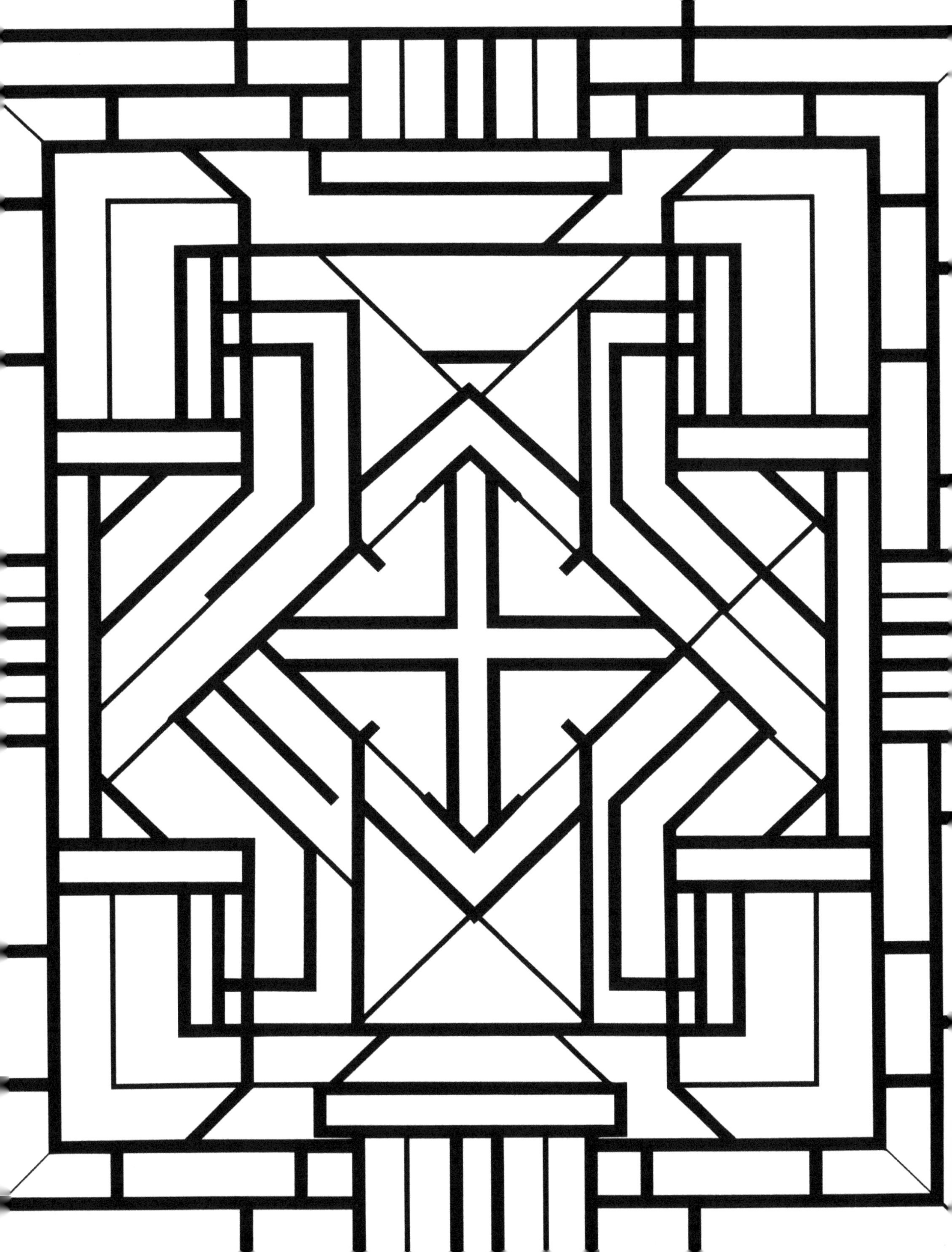

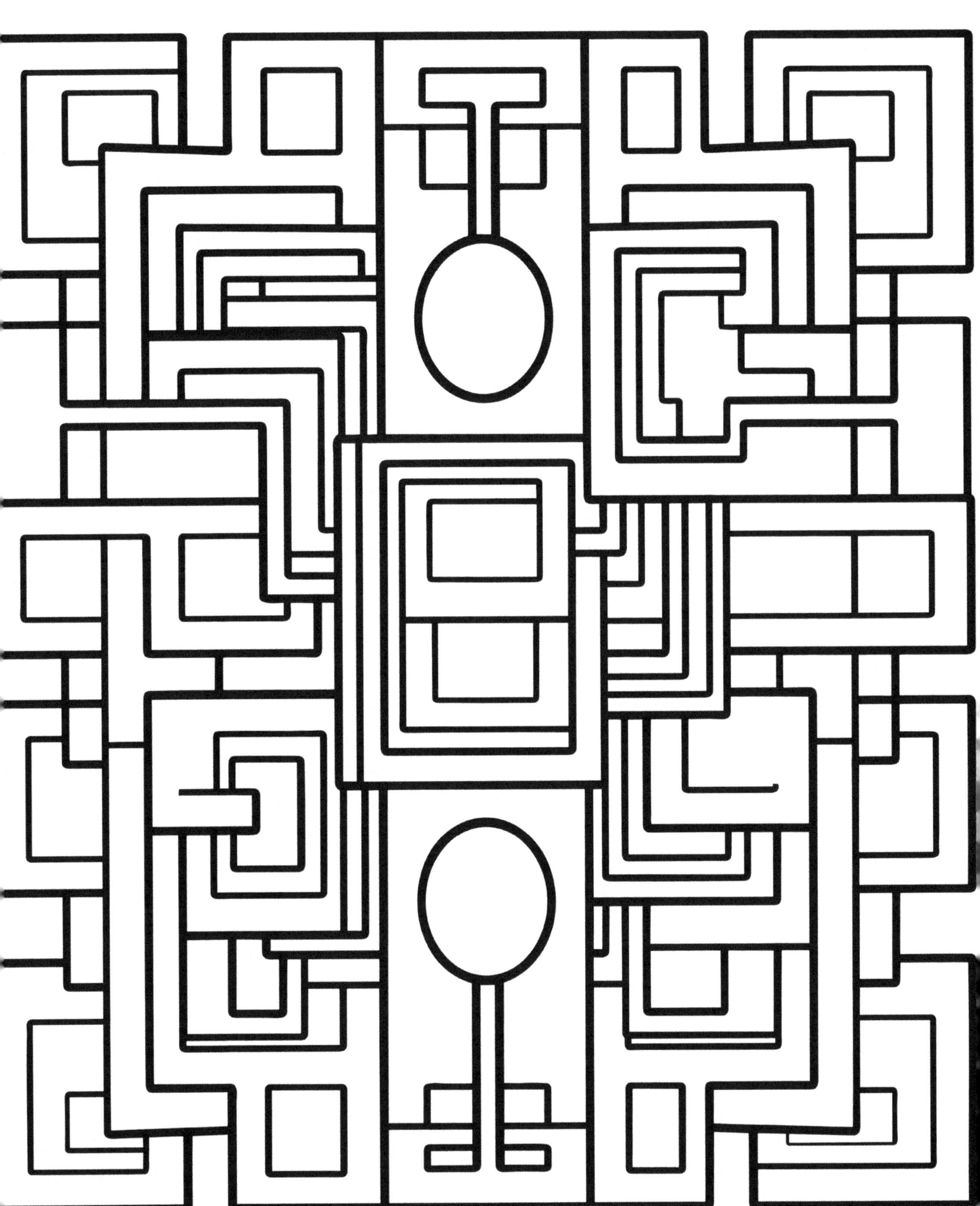